성경의 구원과 오늘의 한국교회

김요섭, 박형용, 서철원, 송병현, 정동섭

성경의 구원과
오늘의 한국교회

Copyright ⓒ 도서출판 파피루스 2019

초판 발행 2019년 12월 18일

지은이 | 김요섭, 박형용, 서철원, 송병현, 정동섭
펴낸이 | 민남기
펴낸곳 | 파피루스(Papyrus)
　　　　등록 1998년 7월 1일 제 1998-000005호
　　　　주소 광주광역시 남구 백운로 107(백운동)
　　　　전화 062-652-5004　팩스 062-654-5008

ISBN 979-11-955669-1-4 03230
값 12,000원

성경의 구원과
오늘의 한국교회

김요섭
박형용
서철원
송병현
정동섭

오늘의 한국교회는
성경의 구원을 제대로 믿고 살아가고 있는지
개혁주의 신학자들을 통하여 점검해보고
잘못된 구원의 미혹도 막아서
더 온전한 구원으로 나아가고자 합니다.

파피루스

축사

대한예수교장로회총회 총회장
김종준 목사 (꽃동산교회)

먼저 광주노회와 전남노회가 분립한 지 23년이 지났지만, 서로의 친교와 화합을 다지며 광주 동명교회에서 신학 세미나를 개최하게 된 것을 진심으로 축하드립니다.

이번 신학 세미나는 영적으로 혼탁한 시대에 한국교회가 진리 안에 더욱 온전히 세워 가고 말씀을 통해 올바른 구원관을 심어주는 이 시대에 마땅히 해야 할 당연한 일이라고 생각합니다. 또한 이번 신학 세미나를 통하여 목회자들과 성도들이 올바른 성경적 구원관을 배우고 익혀서 한국교회를 예수 그리스도의 생명 위에 바로 세우게 될 것이라고 확신합니다. 더 나아가 이번 신학 세미나를 통해서 분열과 분립이 팽배한 이 시대에 광주노회와 전남노회가 한 뿌리에서 출발한 한 형제이고 한 가족임을 다시 한번 확인하고 더 나아가 화합과 연합을 통하여 하나님의 선하시고 기뻐하시는 뜻을 이루어 가길 바랍니다.

이처럼 두 노회가 마음과 뜻을 합하여 신학 세미나와 같은 여러 친목 모임을 지속한다면 교단 내에 좋은 귀감이 될 뿐 아니라 더 이상의 분열의 아픔은 없을 것입니다. 마지막으로 복음과 진리 수호를 위해 귀한 강의를 해주신 교수님들과 광주노회, 전남노회 목사님들의 교회와 가정과 성도들 위에 더 큰 부흥과 평강이 넘쳐나기를 간절히 소망하며 축사를 갈음하고자 합니다.

축사

대한예수교장로회총회 부총회장
소강석 목사 (새에덴교회)

　하나님의 은혜와 사랑이 가득하시기를 바랍니다. 우리의 신앙은 굳건한 신학의 터 위에서 견고하게 설 수 있습니다. 그런데 갈수록 신학이 흔들리고, 특별히 구원론이 흔들리고 있는 시대입니다. 이러한 때에 노회 차원에서 이렇게 저명한 학자들을 초청하여 구원론에 대한 세미나를 하는 것은 보통 일이 아닐 수 없습니다.

　기독교 신앙에 있어서 가장 기본이 되고 중요한 부분이 구원론입니다. 그런데 구원파나 신천지 등 구원론을 흔드는 이단들이 많습니다. 한국교회가 적극적으로 대처하지 않으면 위기를 당할 수 있습니다. 절대 구원론이 흔들려서는 안 됩니다. 한국교회는 목숨 걸고 구원론을 지켜야 합니다.

　이런 때에 전남노회와 광주노회가 연합으로 한국 최고의 석학들을 초청하여 '성경의 구원과 오늘의 한국교회'라는 주제로 세미나를 하게 되어서 정말 감사한 일입니다. 이번 세미나가 우리 교단의 신학을 더욱 견고하게 하고 한국교회를 세우는 촉진제 역할을 할 수 있기를 바랍니다. 세미나를 준비하신 광주노회 노회장 민남기 목사님과 전남노회 노회장 김병옥 목사님, 그리고 노회원들께 진심으로 감사드리고 참석하신 모든 분들께 하나님의 은혜와 사랑이 가득 넘치시기를 바랍니다.

발간사

대한예수교장로회 광주노회 노회장
민남기 목사 (광주대성교회)

20세기의 한국교회는 세계교회사에서도 유래를 찾을 수 없는 가장 짧은 기간에 가장 크게 부흥하는 교회였다. 전 세계에서 가장 큰 대형교회가 한국에 있었고 전 세계의 대형교회의 절반이 한국에 있었다. 그런데 한국교회의 큰 성장의 뒤안길에 수많은 이단 집단들이 생겨나는 어두움이 있었다. 이단 집단들의 많은 구성원들이 한국교회에서 이탈해나간 사람들이라서 너무 우울하고 가슴 아프다. 왜 한국교회를 떠나서 사이비 이단 집단으로 이탈해 갔을까?

한국교회는 이제 장년으로 크게 성장하여 예배당은 크고 화려해졌지만 그들의 신앙과 삶은 한국 사회의 기대만큼 선한 영향을 미치지 못하고 있다. 작금의 한국교회는 한국사회에 큰 감동을 주기보다는 비난을 받는 경우도 많다. 왜 한국교회가 한국사회가 기대하는 만큼 선한 영향력을 미치지 못할까? 한국교회가 성경의 구원을 제대로 믿지 못하고 있는 것은 아닐까? 한국교회가 구원의 삶을 제대로 살지 못하고 있는 것은 아닐까?

구원은 구약신학, 신약신학, 조직신학, 역사신학, 실천신학, 그리고 선교신학 등을 종합적으로 고려해서 대답해주어야 할 아주 어려운 주제인데 이미 다 알고 있다고 쉽게 생각하고 지나친 경솔한 면도 없지 않다.

시대의 흐름에 따라서 신학 주제의 정의도 조금씩 좁아졌다 넓어졌다 한다. 최근에 중생도 넓게 해석하고, 구원도 칭의와 성화를 함께 연결해서 해석하며 하나님의 주권적인 은혜를 중심으로 인간의 책임도 함께 강조한다.

그래서 우리 광주노회와 전남노회는 한국교회가 당면한 가장 중요한 주제 가운데 하나인 성경의 구원이라는 주제를 가지고 여러 신학 분야의 원로 및 젊은 개혁신학자들을 함께 초청하여 무게가 있으면서도 신선함이 있는 신학 세미나를 준비했다.

구약의 구원은 방대한 성경의 범위 때문에 거시적인 관점에서 종합하여 다루기가 쉽지 않지만, 트리니티 복음주의신학대학원(TEDS)에서 이사야서를 전공하여 박사학위를 받은 송병현 교수가 최근 엑스포지멘터리 구약주석을 거의 다 집필하고 구약의 모세오경, 역사서, 시가서, 선지서 개론을 집필했기 때문에 구약의 구원을 거시적인 관점에서 바라보면서 특히 이사야서의 그리스도를 중심으로 잘 정리해 줄 것으로 기대한다.

신약의 구원은 바울서신을 전공한 박형용 교수가 구원과 그 이후의 성도의 삶에 대하여 훌륭히 정리해 줄 것으로 기대한다.

교의신학의 구원은 총신 신대원에서 교의신학을 오랫동안 강의하시다 정년 은퇴하신 서철원 교수가 종교개혁교회의 신앙고백서에 나타난 개혁교회의 구원을 잘 정리해주리라 기대한다.

영국의 케임브리지대에서 칼빈의 교회론으로 박사학위를 받고 현재 총신 신대원에서 교회사를 가르치는 김요섭 교수가 기독교강요에 나타난 칼빈의 구원을 하나님의 주권적인 은혜를 중심으로 명쾌하게 정리해 줄 것으로 기대한다.

마지막 이단의 구원론 비판은 이단 비판 전문가인 정동섭 교수가 한국의 4대 이단의 구원론을 일목요연하게 정리해 줄 것으로 기대한다.

감사한 일은 같은 뿌리였던 광주노회와 전남노회가 신학 세미나를 함께 마음을 모아 연합으로 개최했다는 것이다. 이제 성황을 이루는 것이 남은 과제다. 이번, 이 신학 세미나가 한국교회의 나아가야 할 방향에 새로운 하나의 이정표가 되길 바란다. 이 세미나를 통하여 우리 모두가 성경의 구원 위에 굳게 서서 삼위일체 하나님을 향하여 기쁨으로 나아갈 수 있기를 기도한다.

발간사

대한예수교장로회 전남노회 노회장
김병옥 목사 (광주영천교회)

구원은 선택 받은 자들의 영원한 축복입니다.

하나님은 자기 피로 사신 교회를 세우셨습니다. 교회에는 복음이 있습니다. 십자가와 부활입니다. 사도 바울은 "내가 복음을 부끄러워하지 아니하노니 이 복음은 모든 믿는 자에게 구원을 주시는 하나님의 능력이 됨이라 먼저는 유대인에게요 그리고 헬라인에게로다. 복음에는 하나님의 의가 나타나서 믿음으로 믿음에 이르게 하나니, 기록된 바 오직 의인은 믿음으로 말미암아 살리라 함과 같으니라"(롬 1:16, 17)고 하였습니다. 이 복음은 하나님의 의를 이루셨습니다.

우리 전남노회와 광주노회는 "성경의 구원과 오늘의 한국 교회"라는 주제로 신학 세미나를 준비하게 되었습니다. 서철원 교수, 박형용 교수, 송병현 교수, 정동섭 교수, 김요섭 교수를 모셨습니다. 우리 지역의 많은 목회자들이 오셔서 복음의 능력을 회복하고 침체되어 가는 한국 교회에 성령의 새바람이 일어나길 기대하며 기도합니다.

이 세미나를 위해 후원해준 교회들과 사업체에 감사의 마음을 표하며, 또한 기도와 격려를 아끼지 않는 우리 광주영천교회 성도들에게도 감사의 마음을 전합니다.

일러두기

이 책에 인용된 성경은
모두 개역개정임을 밝힙니다.

목차

구약 시대 성도들은
어떻게 구원을 받았는가?

구약과 신약의 구원론은 결코 대조적이지 않다.

구약의 하나님과 신약의 하나님이 같기 때문이다.

구약과 신약에 반영된 하나님의 죄와 죄인에 대한

이해와 태도에는 태초부터 변한 것이 없다.

또한 구세주가 될 메시아에 대한 이해도 구약과 신약에서 동일하다.

구원론은 구약과 신약의 통일성을 아우르는 주제인 것이다.

송 병 현

캐나다 틴데일 대학교(B. Th.)를 졸업하고 트리니티 복음주의신학교에서 공부했다 (M. Div.). 이후 동 대학원에서 박사학위(Ph. D.)를 받았다. 예장 합동 교단에서 목사 안수를 받고 1997년부터 백석대학교 신학대학원 구약학 교수로 재직 중이다. 에스라성경연구원, 두란노 바이블칼리지, 지구촌교회 등에서 이십 년 이상 목회자와 신학도 및 평신도 지도자들에게 성경을 가르쳐왔으며, 2009년부터는 선교지의 지도자 교육을 위해 강사진을 파송하는 스타선교회(STAR Institute)를 이끌고 있다. 2011년에는 「목회와신학」이 추천하는 '성경과 신학' 명강사로 선정되었으며, 기독교 TV를 통해서도 활발한 성경 강해 사역을 펼치고 있다. 2009년부터 「엑스포지멘터리 시리즈 구약 주석」을 출판하고 있으며, 2020년에 30여 권으로 완간될 예정이며, 이후 신약 주석도 출판할 예정이다.

구약 시대 성도들은 어떻게 구원을 받았는가?

1. 서론

신학 서적들을 살펴보면 구원론과 교회론은 항상 신약을 바탕으로 쓰인다는 것을 알 수 있다. 신약은 메시아 예수께서 이 땅에 오셔서 이루신 것을 구원이라 하며, 교회는 예수께서 이 땅에 세우신 것이라고 증언하기 때문이다. 반면에 구약은 신약이 말하는 구원과 교회에 대하여 별말이 없다. 그렇다 보니 구약의 교회론뿐만 아니라 구원론은 논하기가 참으로 어려운 주제가 되었다. 동서양을 막론하고 지난 2,000년 동안 구약의 구원론을 다룬 문헌이 거의 존재하지 않는다는 현실도 이러한 사실을 암시한다.

사람이 믿음으로 죄 사함을 받고 영생을 누리는 구원관이 구약에도 존재하는가? 만일 구약과 신약이 같은 물줄기를 이루며 흐르고 있다는 통일성을 인정한다면 당연히 존재한다. 메시아 예수께서 십자가에서 죽으심으로 우리의 죄를 대속하시고, 죽어야 할 우리에게 영생을 주신 것이 구약의 구원론에 상반되거나, 그때까지 전혀 들어보지 못한 창조주 하나님의 새로운 사역은 아니었다는 사실을 인정한다면 더욱더 그렇다.

구약과 신약의 구원론은 결코 대조적이지 않다. 구약의 하나님과 신약의 하나님이 같기 때문이다. 구약과 신약에 반영된 하나님의 죄와 죄인에 대한 이해와 태도에는 태초부터 변한 것이 없다. 또한 구세주가 될 메시아에 대한 이해도 구약과 신약에서 동일하다. 구원론은 구약과 신약의 통일성을 아우르는 주제인 것이다.

실제로 구약과 신약을 비교해보면 구원론과 연관된 것들이 별반 다르지 않다. 창조주 하나님은 태초부터 스스로 죄 문제를 해결하지 못하고 괴로워하는 인간을 구원하기 위하여 메시아를 보내 그들을 대속하도록 계획하셨다. 또한, 메시아의 죽음을 통해 그들에게 영생을 주실 것을 태초부터 준비하셨다. 사람은 하나님의 용서하시고 영생하게 하시는 은혜를 믿음으로 받으면 되는 진리에 대한 이해도 구약과 신약이 별반 다르지 않다.

구약과 신약의 통일성과 흐름 속에서 이 글은 구약의 구원론—구약 성도들이 어떻게, 어떤 구원을 받았는가를 논하는 일—을 살펴볼 것이다. 그러나 이미 언급한 것처럼 구약이 이 주제에 대하여 직접적인 언급을 거의 하지 않기 때문에 삼위일체론을 논하는 것처럼 간접적인 접근 방식으로 이 주제를 논하고자 한다.

2. 구원 정의

구약에서 "구원"이 의미하는 바는 신약의 것과 별반 다르지 않다. 구원은 사람이 하나님의 도우심으로 자신이 처한 곤경과 어려움에서 빠져나오는 것을 뜻한다(시 10편). 하나님의 인도하심으로 원수들의 조롱과 비방을 이겨내는 것, 또한 그들의 음모에 빠지지 않는 것이다(시 20:1, 7:1, 106:10). 하나님의 개입하심으로 인해 폭력적인 억압자들의 짓누름에서 해방되는 것도 구원이다(출 3:6-10). 치유하시는 하나님의 은혜를 입어 앓던 질병에서 회복되는 일도 구원이다(시 6편).

이 땅에서 사람이 누릴 수 있는 가장 크고 놀라운 구원은 죄에서 해방되는 것이다. 사람은 죄를 짓지 않고는 살 수 없으며, 죄는 하나님과 인간의 관계를 단절한다. 그러므로 하나님의 구원을 누리는 사람들은 죄를 용서받은 이들이다(시 32:1, 51:1-2, cf. 시 103:2, 사 55:7, 호 14:1-2). 하나님의 구원을 입는다는 것은 주님과 동행한다는 의미를 지녔고(cf. 창 5:22-24, 6:9), 죄인이 거룩하신 주님과 동행하기 위해서는 죄 사함이 있어야 한다. 하나님은 "마음이 상한 자를 가까이하시고, 충심으로 통회하는 자를 구원하신다"(시 34:18)는 말씀도 이러한 상황을 전제하고 있다.

죄 사함을 입은 사람들의 구원은 내세(來世)로도 이어진다. 이 세상이 끝나고 다음 세상이 도래하면 주의 백성은 하나님과 영원히 함께하는 영생을 누릴 것이다. 이미 죽은 사람들은 부활하여 이 영광스럽고 복된 삶을 살게 될 것이다(cf. 사 25:7-9, 26:19, 단 12:1-2).

이처럼 구약과 신약에서 구원은 참으로 광범위하고 포괄적인 개념이며, 우리가 이 땅에서 경험할 수 있는 모든 재앙과 죄에서 주님의 개입하심을 힘입어 해방되는 것을 뜻한다. 그러므로 구원은 창조주 하나님이 죄인인 인간에게 제공하시는 새로운 기회 혹은 시작이라 할 수 있다(시 51:10). 사람이 어떻게 해야 이 놀라운 하나님의 구원을 누릴 수 있는가?

3. 구원: 선물

구약과 신약은 구원은 사람이 자력으로 얻거나 이루는 것이 아니라 하나님의 은혜로만 가능하다는 것을 명백하게 가르쳐 준다. 창조 이야기(창 1-3장)를 생각해보자. 하나님은 남자와 여자를 주님의 모양과 형상대로 만드셨다(창 1:26-28). 사람이 거룩하시고 완전하신 하나님의 모양과 형상대로 창조되었다는 것은 인간의 본성이 죄에서 자유로웠다는 것을 암시한다. 죄는 천지창조 때 하나님이 빚으신 인간이 지닌 본성의 일부가 아니었다는 뜻이다.

에덴동산에서 최초 사람인 아담과 하와가 죄를 지었을 때(창 3장), 비로소 인간은 죄를 짓지 않고는 살 수 없는 죄인이 되었다. 그렇다면 죄는 인간이 지닌 본성의 일부가 아니라 이질적인 것이며, 인간이 창세기 3장 이후로 앓게 된 질병이다. 하나님이 자기의 모양과 형상에 따라 처음 사람을 만드셨을 때에는 죄가 그의 본성의 일부가 아니었기 때문이다. 그러므로 구약은 하나님의 용서를 마치 치유자이신 하나님이 사람이 앓고 있는 질병을 치유하듯 "죄를 치료하는 것"(히, 라파)으로 묘사한다(대하 7:14, 시 41:4, 사 53:5, 57:18, 19, 렘 3:22, 30:17, 33:6, 애 2:13, 호 5:13, 7:1, 14:4).

죄를 질병으로 앓고 있는 인간은 오직 치유하시는 하나님의 치료를 통해 죄 문제를 해결할 수 있다. 성경은 죄 치료를 창세기 3장에서 최초로 언급한다. 하나님의 경고에 아랑곳하지 않고 선악과를 먹어 죄인이 된 인간과 그들이 죄를 짓도록 유혹한 뱀(사탄)에게 내리신 심판의 일부이다. "내가 너로 여자와 원수가 되게 하고 네 후손도 여자의 후손과 원수가 되게 하리니 여자의 후손은 네 머리를 상하게 할 것이요 너는 그의 발꿈치를 상하게 할 것이니라"(창 3:15).

이 말씀은 세 가지 원수 관계에 대하여 예언한다. (1) 뱀과 여자 사이의 원수 관계, (2) 뱀의 후손과 여자의 후손 사이의 원수 관계, (3) 여자의 [한] 후손과 뱀 사이의 원수 관계. 학자들은 이 세 원수 관계들 중 세 번째 것("여자의 [한] 후손은 네[사탄] 머리를 상하게 할 것이요, 너[사탄]는 그[여자의 한 후손]의 발꿈치를 상하게 할 것")을 따로 구분하여 "원시복음"(proto-evangelion)이라고 부른다. 십자가 사건이 암시된 최초의 예언이기 때문이다.

죽음을 자신의 최고 권세이자 무기로 생각한 사탄이 인류의 구세주로 오신 예수님을 십자가에 못 박아 죽임으로써 하나님의 구원사역을 방해하려고 했다. 그러므로 사탄은 예수님의 발꿈치를 물어 그를 죽였다. 그러나 죽음에서 부활하신 예수님은 사탄이 지닌 최고의 무기이자 권세인 죽음을 무력화시키셨다. 사탄의 머리를 짓밟아 그를 상하게 하신 것이다. 이러한 해석을 바탕으로 학자들은 이 말씀이 메시아가 지신 십자가를 최초로 예언하고 있다고 하여 원시복음이라고 부르는 것이다.

창세기 3장에는 메시아에 대한 예언이 하나 더 있다. 죄를 지은 아담과 하와는 자신들의 "부끄러움"을 가리기 위하여 무화과 잎으로 옷을 만들어 입었다. 그러나 무화과 잎으로 만든 옷은 임시방편일 뿐 영구적인 가리개는 되지 못했다. 자비로우신 하나님은 죄인들을 에덴동산에서 쫓아내기 전에 가죽옷을 만들어 입히셨다. 하나님이 입히신 가죽옷은 그들의 "부끄러움"을 영구적으로 가리는 해결책이었다. 가죽은 짐승이 죽어야만 얻을 수 있는 것이다. 그러므로 이 말씀은 장차 오실 메시아 예수님이 죽으심으로 인간의 부끄러움(죄)을 영구히 가려주시는 예언으로 해석할 수 있다. 성경에 기록된 첫 번째 메시아 예언은 이미 대속 개념을 암시하고 있다.

창세기 3장은 죄가 어떻게 하여 인간을 병들게 하였으며, 인간은 결코 죄 문제를 스스로 해결할 수 없다고 단언한다. 그러므로 창조주께서는 인간의 죄 문제를 해결하기 위하여 메시아를 보내실 것이라

한다. 인류 최초의 죄를 회고하는 이야기는 인간이 스스로 노력하여 죄에서 해방되는(구원받는) 것을 배제하고 있다. 구원은 오직 창조주 하나님이 보내신 메시아를 통해 죄인들에게 임하는 것이다. 구약은 창세기 3장 이후로도 같은 원리를 지속적으로 반복하여 암시한다.

4. 구원: 대상

구원은 인간이 노력으로 성취하는 것이 아니라, 하나님이 주시는 은혜이다(사 55:1). 그렇다면 누구나 하나님이 베푸시는 구원을 얻을 수 있는가? 아니다. 하나님이 구원하기로 작정하신 이들만이 주님의 구원을 경험할 수 있다(창 6-9장). 인간의 구원은 전적으로 하나님이 결정하시고 이루시는 일인 것이다. 구약에서 이러한 원리를 가장 잘 묘사하고 있는 사람은 야곱일 것이다. 그의 부도덕한 삶을 보면 하나님의 구원이 주님의 결정에 따라 일방적으로 임한다는 것을 확실히 알 수 있다.

하나님은 어떤 사람들을 구원하시는가? 대체적으로 자기 자신의 무능함과 한계를 뼈저리게 느끼며 주님의 자비를 구하는 자들을 구원하신다. 죄인이 자신의 한계를 의식할수록 거룩하신 하나님을 두려워하게 된다. 이 두려움은 공포의 두려움이 아니라, 경건한 두려움이다. 그러므로 구약은 하나님은 그를 경외하는 자들을 귀하게 여기신다고 한다(시 15:4, 22:23, 말 3:16, 욥 1:1). 다윗이 대표적인 예이다(cf. 시 51편).

오직 하나님만을 의지하고 사는 사람들이 구원에 이른다는 것이 구약의 가르침이다(cf. 나 1:7).

하나님의 구원을 경험하는 이는 어떠한 삶을 사는가? 즉, 구약은 하나님이 구원하시는 사람을 어떻게 묘사하는가? 하나님의 구원을 경험하는 사람의 가장 기본적인 성향은 주님의 심판을 받아 죽을 악인과 대조되는 삶을 사는 것이다(창 18:23, 시 1:5). 그렇다고 해서 하나님의 구원을 경험하는 사람들이 모든 죄에서 해방된 완전한 의인들은 아니다. 노아 이야기가 이러한 원리를 잘 설명해주고 있다.

노아는 하나님이 구원하기에 합당한 의인이라고 인정하신 사람이다(창 7:1). 그럼에도 불구하고 창세기 6:8은 그가 하나님의 은혜를 입어 주님께 의인으로 인정받았다는 사실을 확실히 한다. 또한 창세기 7:1도 노아를 그가 살던 시대(당대)의 의인이라고 말하지만 그가 스스로 구원에 이를 만한 의를 지니지 못했음을 시사한다. 노아는 그의 시대 사람들과 비교했을 때 상대적으로 의로웠을 뿐, 자력으로 하나님의 구원을 얻을 정도로 의롭지는 못했다.

5. 구원: 내세

지금까지 우리는 구약과 신약의 구원에 대한 공통적인 가르침을 살펴보았다. 그렇다면 구약과 신약의 구원론에는 어떠한 차이도 없는가? 있다. 내세관(다가오는 세상에 대한 이해)은 구원론의 매우 중요한 부분인데, 구약과 신약의 구원론은 내세관에 있어서 매우 결정적인 차이를 보인다. 구약은 내세에 대하여 구체적이지 않으며, 모든 사람은 죽어서 "스올"(저세상)로 내려간다고 한다(창 37:35, 42:38, 민 16:30, 왕상 2:6, 욥 7:9). 그곳은 어둡고 무기력한 곳이며, 사람이 그곳에서 할 수 있는 일은 아무것도 없다. 반면에 신약은 죽음 후 부활과 영생이 있음을 전제한다. 예수님의 사역과 가르침은 부활(cf. 마 22:23-33, 막 12:18-25, 눅 14:13-14, 20:27-36, 요 5:28-29)과 영생(마 19:16-29, 25:46, 막 10:17-30, 눅 10:25, 18:18-30, 요 3:14-16, 36, 5:24, 39, 6:27-47)의 실제성에 세워졌다고 해도 과언은 아니다.

이러한 차이를 어떻게 설명할 것인가? 일부 학자들은 구약과 신약이 보이는 차이를 중간사 문헌(intertestamental literature, 구약 문헌이 완성된 후, 그러나 신약 문헌이 저작되기 전 시대에 유대인들이 구약을 설명하기 위하여 저작한 책들)으로 불리는 외경(apocrypha)과 위경(pseudepigrapha)을 통해 설명하려고 한다. 유대인들의 내세관이 중간사 시대를 지나면서 새로운 경지에 이르게 되었고 신약이 이 새 내세관을 여과 없이 사용했다는 것이다. 그러므로 그들은 구약과 신약의 통일성과 흐름보다는 단절성(discontinuity)을 강조한다.

신약은 구약에는 없는 부활과 영생을 새로이 제시했는가? 그렇지 않다. 많지는 않지만, 구약에도 부활과 영생을 포함한 내세관이 있다. 단지 구약의 내세관은 마치 여러 조각의 퍼즐이 곳곳에 흩어져 있는 것 같기 때문에 이 조각들을 모아 보면 확실하게 보인다.

1) 세상의 시작과 끝

내세는 성경 66권을 시작하는 첫 문장에 암시되어 있다. 창세기 1:1은 "태초에 하나님이 천지를 창조하시니라"라고 하는데, 학자들은 "태초에"라는 말에 주목한다. 태초는 우리가 이해하는 시간의 시작을 뜻한다. 그러나 시작은 "끝"과 쌍을 이룰 때 의미가 있다. "태초에"는 세상이 시작한 때를 의미할 뿐만 아니라, 태초에 시작된 시간은 세상의 끝을 향해 가고 있음을 암시하는 것이다. 그러므로 학자들은 창세기 1:1이 "종말"(세상의 끝)을 염두에 두고 선포된 것이라고 해석한다.

태초에 시작된 세상이 종말에 끝이 나면 그다음에는 무엇이 있는가? 아무것도 존재하지 않는 영원한 무(無) 상태로 이어지는가? 그렇지 않다. 하나님은 인간과 영원히 동거하기 위하여 그들을 창조하셨다. 에덴동산에 있던 생명나무가 이러한 사실을 암시한다.

우리는 하나님의 모양과 형상에 따라 창조된 인간이 죄를 짓지 않았다면 얼마나 오래 살 수 있었을까에 대하여 알 수 없다. 한 가지 확실한 것은 인간은 분명 언젠가는 죽어야 하는 존재로 창조되었다는 사실이다. 반면에 하나님은 인간과 영원히 함께하기를 원하셨다. 그러므로 인간이 지닌 수명 문제를 해결하기 위하여 하나님은 에덴동산에 생명나무를 두셨다. 언젠가는 죽어야 하는 인간이 생명나무의 열매를 먹고 영생하도록 하기 위해서였다(cf. 창 3:22). 그러나 아담과 하와는 영생에는 관심이 없었고, 선악과를 먹고 죄인이 되었다. 이후 생명나무는 인간의 삶에서 자취를 감추었다가(cf. 창 3:24) 이 세상의 최후와 내세에 대한 이야기를 담고 있는 요한계시록에서 다시 모습을 보인다(계 2:7, 22:2, 14, 19). 이 나무의 열매를 먹는 사람들에게 영생을 주기 위해서이다.

2) 죽음과 부활

하나님은 인간과 영원히 함께하고자 하셨지만, 인간은 에덴동산에서 죄를 지음으로써 스스로 하나님을 멀리했다. 또한, 죄는 하나님과 인간의 관계를 단절시켰을 뿐만 아니라 사람이 죽음을 피할 수 없도록 만들었다. 그러므로 인간이 하나님과 영원히 함께 살려면 먼저 죽음 문제가 해결되어야 한다. 구약은 세상이 끝나는 날, 하나님이 죽음과 죽음의 권세를 가진 자를 함께 멸하실 것이라고 한다.

구약의 묵시문학(이 세상이 어떻게 끝나고 내세는 어떠할 것인가를 묘사하는 문헌들)을 논할 때 이사야는 묵시문학의 창시자, 에스겔은 묵시문학의 아버지, 스가랴와 다니엘은 묵시문학의 최고봉으로 거론된다. 이 선지자들은 구약의 종말론에 지대한 기여를 했다. 이사야가 묵시문학의 창시자로 불리는 이유는 이사야 24–27장이 세상의 종말에 관한 것이기 때문이다(학자들은 이 부분을 "작은 묵시 책", "이사야 묵시" 등으로 부른다). 죽음과 연관하여 이사야의 "작은 묵시 책"은 다음과 같이 노래한다.

7 또 이 산에서 모든 민족의 얼굴을 가린 가리개와
열방 위에 덮인 덮개를 제하시며

8 사망을 영원히 멸하실 것이라

　주 여호와께서 모든 얼굴에서 눈물을 씻기시며

　자기 백성의 수치를 온 천하에서 제하시리라

　여호와께서 이같이 말씀하셨느니라

9 그 날에 말하기를

　이는 우리의 하나님이시라

　우리가 그를 기다렸으니

　그가 우리를 구원하시리로다

　이는 여호와시라

　우리가 그를 기다렸으니

　우리는 그의 구원을 기뻐하며 즐거워하리라

(사 25:7-9)

　이 말씀의 핵심은 창조주께서 죽음이 더 이상 인간을 지배하거나 괴롭히지 못하도록 하시는 것에 있다. 하나님은 자신이 거하는 산(시온)에서 모든 민족의 얼굴을 가린 가리개와 덮개를 제하실 것이다(7절). 가리개와 덮개는 시체를 염습할 때 사용하는 "수의(壽衣)"를 의미한다. 하나님께서 죽음이 더 이상 사람을 죽이지 못하도록 하실 것을 이렇게 묘사하고 있다. 이사야는 한 번 더 하나님이 "사망을 영원히 멸하실 것"(8절)이라며 종말이 되면 하나님이 죽음 문제를 완전히 해결하실 것을 선언한다.

　인간을 가장 두렵게 만드는 것이 죽음이다. 특히 내세에 대하여 별로 아는 바가 없었던 고대사회에서 죽음의 권세는 한마디로 압도적이었다. 그러나 하나님께서 인간들을 죽음의 공포에서 자유하게 하실 날이 오고 있다.

죽음의 족쇄에서 자유하게 된 백성들이 감격의 노래를 부른다(9절). "이는 우리의 하나님이시라… 이는 여호와시라." 그들이 부르는 노래의 주제는 그들이 어떻게 여호와를 의지하며 주님만을 간절히 사모하며 기다렸는가이며, 하나님께서 어떻게 그들을 죽음으로부터 구원하셨는가이다. 하나님은 간절히 사모하는 이들의 기대를 저버리지 않으시고 그들을 영원히 살게 하신 것이다.

종말에는 사람들이 죽음의 위협과 공포에서 해방될 것이라는 위 말씀을 읽으면서 떠오르는 질문이 있다. 죽음에서 자유를 누릴 사람들은 누구인가? 하나님이 세상을 심판하시는 종말 때 살아있는 주의 백성들만 죽음에서 구원을 받는가, 혹은 태초부터 세상 끝날까지 이 세상을 살다 죽은 모든 주의 종들을 포함하는가? 이 질문에 대한 답은 이어지는 이사야 묵시의 몇 절 뒤에 있다.

19 주의 죽은 자들은 살아나고
   그들의 시체들은 일어나리이다
   티끌에 누운 자들아
   너희는 깨어 노래하라
   주의 이슬은 빛난 이슬이니
   땅이 죽은 자들을 내놓으리로다
20 내 백성아 갈지어다
   네 밀실에 들어가서 네 문을 닫고
   분노가 지나기까지 잠깐 숨을지어다

21 보라 여호와께서 그의 처소에서 나오사

　　땅의 거민의 죄악을 벌하실 것이라

　　땅이 그 위에 잦았던 피를 드러내고

　　그 살해 당한 자를 다시는 덮지 아니하리라

27:1 그 날에 여호와께서 그의 견고하고

　　크고 강한 칼로 날랜 뱀 리워야단

　　곧 꼬불꼬불한 뱀 리워야단을 벌하시며

　　바다에 있는 용을 죽이시리라

　　(사 26:19-27:1)

　　본문은 종말에 있을 일들에 대하여 몇 가지를 알려 준다. 첫째, 그 날이 되면 죽은 주의 백성이 부활한다. 이사야는 이미 죽어 땅에 묻혔던 백성들이 살아나고, 시체들이 일어나는 비전을 보고 있다. "주의 죽은 자들이 살아나고, 그들의 시체들은 일어나리이다"(19절). "티끌에 누운 자들"(19절)도 죽어 무덤에 묻힌 자들을 의미한다. 선지자는 종말에 부활이 있을 것을 단언하고 있는 것이다. 구약은 좀처럼 부활에 대하여 언급하지 않는다. 그러므로 본문은 구약의 내세론에 매우 중요한 말씀이다. 선지자가 그날이 되면 이미 죽어 땅에 묻혔던 주의 백성이 부활할 것이라고 하기 때문이다.

　　둘째, 부활이 취할 구체적인(물리적인) 모습을 논하는 것은 어렵다. 이미 죽어 무덤에 묻혔던 사람들은 어떤 모습으로 부활하는가? 본문은 죽은 사람들이 다시 살아날 것과 그들이 마치 잠자다 깨어나는 것처럼(누운 자들, 깨어라) 부활할 것이라 한다(19절). 이사야는 더 이상 자세하게 말하지 않는다. 다만 그들은 묻혔던 땅에서 일어날 것이다. 선지자는 성도들이 말일에 가서 부활할 것을 확신한다. 그러나 부활이 어떤 모습을 취할 것인가에 대하여는 본인도 희미하게 보고 있기 때문에 정확한 묘사를 피하고 있다.

셋째, 그날이 되면 하나님의 범세계적인 심판이 있다. "땅의 거민의 죄악을 벌하실 것… 피를 드러내고… 살해 당한 자를 다시는 덮지 아니하리라"(21절). 주님의 심판은 세상에서 행해진 온갖 죄에 대한 창조주의 응보이다. 심은 대로 거두게 하시는 심판인 것이다. 하나님의 의로우신 심판이 진행되는 동안 주의 백성은 밀실에 들어가 문을 닫고 주님의 분노가 지나가기까지 잠깐 숨어있으라 한다(20절). 하나님이 끝날에 세상을 심판하실 때 주의 백성은 심판하지 않으실 것이므로 그날 우리가 주님의 악인들에 대한 분노와 심판을 두려워할 필요가 없다는 것을 암시한다.

넷째, 그날이 되면 하나님은 악의 근원도 심판하실 것이다. "여호와께서… 날랜 뱀 리워야단, 곧 꼬불꼬불한 뱀 리워야단을 벌하시며 바다에 있는 용을 죽이시리라"(27:1) 리워야단과 바다의 용은 창조주 하나님과 인간을 훼방하는 무질서하고 악한 세력을 상징한다. 에덴동산에서 아담과 하와를 유혹했던 뱀(사탄)이기도 하다. 그러므로 이 말씀은 그날에 하나님이 세상의 모든 악의 배후세력인 사탄을 심판하실 것을 선언한다. 창조주께서 인간이 세상에서 행한 모든 악을 심판하시고, 더 나아가 그 악의 배후세력인 사탄을 죽이실 날이 오고 있다.

이사야 선지자는 종말에 구체적으로 누가 죽음에서 자유할 것이라고 하는가? 25:7은 세상 모든 민족과 열방이 죽음에서 해방될 것이라고 한다. "모든 민족의 얼굴을 가린 가리개와 열방 위에 덮인 덮개를 제하실 것이다." 반면에 26:19는 주님의 백성들만 부활할 것이라고 하는 듯하다. "주의 죽은 자들은 살아나고 그들의 시체들은 일어나리이다." 이 이슈에 대하여는 묵시문학의 최고봉인 다니엘서가 명확하게 선언한다.

> 1 그 때에 네 민족을 호위하는 큰 군주 미가엘이 일어날 것이요 또 환난이 있으리니 이는 개국 이래로 그 때까지 없던 환난일 것이며 그 때에 네 백성 중 책에 기록된 모든 자가 구원을 받을 것이라
> 2 땅의 티끌 가운데에서 자는 자 중에서 많은 사람이 깨어나 영생을 받는 자도 있겠고 수치를 당하여서 영원히 부끄러움을 당할 자도 있을 것이며
> (단 12:1-2)

먼저 "환난이 있으리니 이는 개국 이래로 그 때까지 없던 환난일 것"(1절)이라는 말씀은 종말에 큰 환난이 있을 것을 경고하는 이사야서 26:21-27:1과 맥을 같이 한다. 또한 두 선지자는 이 환난은 하나님이 세상을 심판하시는 일에서 비롯되는 것이므로 주의 백성은 염려할 필요가 없다고 한다. "내 백성아 갈지어다 네 밀실에 들어가서 네 문을 닫고 분노가 지나기까지 잠깐 숨을지어다"(사 26:20), "그 때에 네 백성 중 책에 기록된 모든 자가 구원을 얻을 것이라"(단 12:1).

이어 다니엘은 하나님과 영원히 살 주의 백성뿐만 아니라, 영원한 심판을 받을 자들도 부활할 것이라고 한다. "땅의 티끌 가운데에서 자는 자 중에서 많은 사람이 깨어나 영생을 받는 자도 있겠고 수치를 당하여서 영원히 부끄러움을 당할 자도 있을 것이다"(2절). 다니엘서에 의하면 누가 부활하는 가는 더 이상 이슈가 아니다. 그날에 주의 백성뿐만 아니라, 불신자들을 포함한 모든 사람이 부활할 것이기 때문이다.

이슈는 무엇을 위한 부활인가이다. 어떤 사람들은 하나님과 영생을 누리기 위하여 부활할 것이다. 어떤 사람들은 영원히 부끄러움을 당하기 위하여 부활할 것이다. 그러므로 신약도 하나님의 은총을 입어 영생할 사람들뿐만 아니라, 주님의 심판을 받아 영원히 벌을 받을 사람들도 부활한다고 한다(마 25:46, 요 5:29, 행 24:15, 히 6:2). 이와 같이 선지자들은 종말에 모든 사람이 부활할 것이라는 신약 가르침의 근원을 제공하고 있다.

3) 잔치

종말에 하나님은 자기 백성을 위하여 잔치를 베푸신다. 이 잔치는 온갖 어려움과 유혹으로 가득한 세상을 믿음으로 잘 살아낸 백성들을 위로하기 위한 주님의 포상이다. 또한 죽음에서 깨어난 주의 백성이 누릴 영생의 시작을 알리기도 하고, 그들이 주님과 함께 누릴 영원한 삶이 어떠할 것인가를 암시하기도 한다. 그러므로 잔치는 종말론과 연관된 중요한 개념이다. 그렇기 때문에 예수님도 세상 끝 날에 임할 심판에 대하여 가르치실 때 잔치와 연관된 비유를 종종 사용하셨다(마 22:2-14, 25:1-13, 눅 12:35-40, cf. 겔 39:17-20과 계 19장). 잔치와 종말의 이 같은 관계를 바탕으로 "주께서 내 원수의 목전에서 내게 상을 차려 주시고 기름을 내 머리에 부으셨으니 내 잔이 넘치나이다"(시 23:5)라는 다윗의 고백이 종말론적으로 해석되기도 하는 것이다.

구약에서 이 종말 잔치에 대하여 가장 구체적인 환상을 제시하는 말씀이 이사야서 25:6, 8절이다. 선지자는 다음과 같이 이 잔치를 묘사한다.

> 6 만군의 여호와께서
>   이 산에서 만민을 위하여 기름진 것과
>   오래 저장하였던 포도주로 연회를 베푸시리니
>   곧 골수가 가득한 기름진 것과
>   오래 저장하였던 맑은 포도주로 하실 것이며
>   …
> 8b 주 여호와께서 모든 얼굴에서 눈물을 씻기시며
>   자기 백성의 수치를 온 천하에서 제하시리라

이사야는 말일에 하나님의 영원한 심판을 받아 주님 앞에서 사라지는 사람들이 있는가 하면, 여호와께서 시온 산 위에 성대하게 베푸실 잔치에 참석하여 좋은 음식을 즐기며 기뻐하는 사람들도 있을 것이라고 한다. 하나님께서 주의 백성을 위하여 큰 잔치를 베푸시고 그들을 위로하실 것이다(6절). 오랫동안 이 세상에서 모든 수모와 고통을 당하면서도 묵묵히 여호와의 임재를 기다리던 사람들을 위한 잔치이다. 하나님께서는 잔치에 임한 이들을 위하여 두 가지를 하신다.

첫째, 세상에서 가장 좋은 음식을 넉넉히 준비하셔서 그들을 먹이신다(6절). 하나님의 산에는 질 좋은 포도주가 넘쳐흐르고, 좋은 살코기가 쌓여 있다. 세상에서 권세자들이나 이런 음식을 즐겼는데, 이제는 하나님의 백성들이 즐기고 있다. 주님은 가장 좋은 음식으로 잔치를 베푸시어 자기 백성을 위로하신다.

둘째, 백성들의 모든 슬픔과 수치를 말끔히 씻어 주신다. 여호와께서 잔치에 참여한 백성들의 얼굴에서 눈물을 씻기시고, 그들이 이 땅의 삶에서 당했던 수치도 제거하신다(8절). 그날이 되면 하나님은 그들을 위하여 잔치만 베푸시는 것이 아니라 그들의 아픔과 시련을 모두 위로하고 치료하실 것이다.

이때까지 살펴본 구약의 내세론에 의하면 하나님은 세상을 창조하신 순간부터 종말과 내세를 염두에 두고 모든 것을 계획하셨다. 피조물인 인간이 주님과 영원히 살 수 있도록 생명나무도 주셨다. 그러나 죄로 인하여 인간은 죽게 되었다. 세상이 끝나는 날, 하나님은 죽음의 권세를 꺾으시고 인간을 죽음에서 자유하게 하실 것이다.

또한 그날이 되면 모든 사람이 부활하여 심판하시는 하나님 앞에 설 것이다. 하나님이 구원하시는 이들은 주님이 베푸신 잔치에 참석할 것이며, 이후 더 이상 슬픔과 수치가 없는 삶을 영원히 살게 될 것이다. 반면에 하나님의 심판을 받은 자들은 수치를 당하여 부끄러운 삶을 영원히 살게 될 것이다. 구약의 이 같은 내세관을 생각해보면 신약의 것과 별반 다르지 않다.

구약에서 실제로 이 같은 구원을 누린 사람들이 있는가? 많지는 않지만, 오늘까지 죽지 않고 천국에서 주님과 함께 하는 사람들이 있다. 바로 에녹과 엘리야이다. 하나님은 평생 주님과 동행하는 삶을 산 에녹을 데려가셨다(창 5:24, cf. 히 11:5). 하나님은 엘리야를 불수레에 태워 하늘로 데려가셨다(왕하 2:11). 이후 그들은 죽지 않고 하나님과 함께 하늘에 있다. 여기에 우리는 모세를 더할 수 있다. 신명기 34장은 모세의 죽음과 장례식에 대하여 기록하고 있지만, 훗날 그와 엘리야가 예수님을 찾아왔기 때문이다(마 17:1-3). 이 외에도 얼마나 많은 구약 시대 성도들이 이미 하늘나라에서 하나님과 살고 있는지 알 수는 없지만, 분명히 더 있을 것이다(cf. 히 11장). 그러므로 다윗도 자신을 이 세상이 전부인 것처럼 사는 사람들과 대조하면서 그가 죽음에서 깨어날 때 주님이 그를 반겨 주시는 것으로 온전히 만족할 것이라는 고백을 남겼다(시 17:14-15). 이들은 종말에 구원을 입을 주의 백성들이 영생을 사모하는 동기가 되었다.

6. 구원: 매체는 메시아

이미 언급한 것처럼 구원은 인간이 스스로 노력해서 이룰 수 있는 것이 아니라 하나님이 택하신 자들에게 주시는 선물이다. 구약에서 하나님은 자기 백성에게 이 구원 선물을 직접 혹은 사람과 천사들을 통해 베푸신다. 하나님은 노아와 가족들에게 직접 구원을 베푸셔서 홍수에서 구원하셨다(창 6-9장). 이스라엘의 조상들을 여러 위기에서 구하셨다(cf. 창 12-50장). 모세를 보내셔서 이스라엘을 이집트에서 구원하셨다(cf. 출애굽기-신명기). 천사들을 보내 이스라엘의 가나안 정복 전쟁을 도우셨다(cf. 여호수아기). 장차 하나님은 직접 선한 목자로 오셔서 자기 양들을 구원하실 것이다(겔 34장). 이 외에도 구약에 기록된 수많은 이야기들은 하나님이 자기 백성을 그들이 당면한 위기와 곤경에서 구원하시기 위하여 매우 다양한 방법을 사용하셨다는 사실을 증거한다.

하나님께서 구약 성도들이 당면한 위기와 어려움에서 그들을 구원하신 것은 장차 종말에 이루실 최종적인 구원인 영생의 모형이었다. 하나님은 이 세상에서 자기 백성을 보호하시고 구원하시는 일을 통해 종말에 이루실 크고 영원한 구원을 미리 맛보게 하시고 보장하신 것이다. 한 가지 다른 점은 구원 방법이다. 예전에는 하나님이 직접, 혹은 천사나 사람을 통해 위기와 어려움에서 자기 백성을 구원하셨는데, 종말에는 메시아를 통해 구원을 베푸실 것이라고 하신다. 특이한 것은 이 메시아는 사람인 동시에 하나님 자신이라는 사실이다.

1) 메시아: 사람이면서 하나님

원시복음(cf. 창 3:15)에 의하면 하나님이 장차 이루실 구원의 매체인 메시아는 분명 사람이다. 아담과 하와의 후손으로 태어날 것이기 때문이다. 메시아는 유다 지파 사람이다(cf. 창 49:10). 더 나아가 그는 다윗의 후손으로 올 것이며(사 11:1), 베들레헴 에브라다에서 태어날 것이다(미 5:2, cf. 마 2:5-6, 요 7:42). 구약에서 메시아의 사역을 가장 자세하게 묘사하고 있는 이사야서 52:13-53:12도 그의 죽음을 언급한다. 그러나 그는 평범한 사람은 아니며, 다양하게 묘사되는 하나님의 영으로 충만한 사람이다.

> 1 이새의 줄기에서 한 싹이 나며
>   그 뿌리에서 한 가지가 나서 결실할 것이요
> 2 그의 위에 여호와의 영
>   곧 지혜와 총명의 영이요
>   모략과 재능의 영이요
>   지식과 여호와를 경외하는 영이 강림하시리니
> 3 그가 여호와를 경외함으로 즐거움을 삼을 것이며
>   그의 눈에 보이는 대로 심판하지 아니하며
>   그의 귀에 들리는 대로 판단하지 아니하며
>   (사 11:1-3)

이 말씀은 장차 구세주로 오실 메시아는 인간임을 분명히 한다. 그는 "이새의 줄기에서 나오는 싹"(1절)이 될 것이기 때문이다. 그는 다윗의 조상 이새의 후손(그러므로 다윗의 후손)으로 오실 것이라는 뜻이다. 그러나 다윗의 평범한 후손은 아니다. 그는 "이새의 줄기"(자손)이면서 동시에 "이새의 뿌리"(하나님)에서 나오는 가지이다(1절). 그러므로 메시아에 관한 노래인 시편 110편에서 다윗은 이 구원자를 두고 "내 주"라고 부른다(시 110:1-4, cf. 막 12:36, 눅 20:42, 행 2:34).

하나님은 이 종이 완전수인 일곱 가지 영으로 충만하도록 하신다. "여호와의 영, 지혜의 영, 총명의 영, 모략의 영, 재능의 영, 지식의 영, 여호와를 경외하는 영"(2절). 또한 메시아는 여호와를 경외하는 것을 즐거워할 것이다(3절). 주님이 주신 영으로 충만해진 메시아는 공의와 정의를 실현할 것이다. 그는 눈에 보이는 대로, 귀에 들리는 대로 판단하지 않고 오직 하나님의 영으로 모든 것을 보고, 듣고, 판단할 것이기 때문이다(3절).

더 나아가 하나님의 영으로 충만한 메시아는 가난한 사람들에게 복음을 선포하고(사 61:1), 마음이 상하고 슬픈 사람들을 고치고 위로한다(사 61:2). 또한 억압받는 자들을 해방시키며(사 61:1), 하나님의 자비를 선포하고(사 61:2) 주의 백성들에게 기쁨과 찬송을 준다(사 61:3).

> 1 주 여호와의 영이 내게 내리셨으니
>   이는 여호와께서 내게 기름을 부으사
>   가난한 자에게 아름다운 소식을 전하게 하려 하심이라
>   나를 보내사 마음이 상한 자를 고치며
>   포로된 자에게 자유를, 갇힌 자에게 놓임을 선포하며
> 2 여호와의 은혜의 해와
>   우리 하나님의 보복의 날을 선포하여

모든 슬픈 자를 위로하되
3 무릇 시온에서 슬퍼하는 자에게
　　　화관을 주어 그 재를 대신하며
　　　기쁨의 기름으로 그 슬픔을 대신하며
　　　찬송의 옷으로 그 근심을 대신하시고
　　　그들이 의의 나무
　　　곧 여호와께서 심으신 그 영광을 나타낼 자라
　　　일컬음을 받게 하려 하심이라
　　　(사 61:1-3)

그러므로 스가랴는 주의 백성들에게 메시아의 오심을 기뻐하며 노래를 부르며 그를 환영할 것을 권면한다.

　　　시온의 딸아 크게 기뻐할지어다
　　　예루살렘의 딸아 즐거이 부를지어다
　　　보라 네 왕이 네게 임하시나니
　　　그는 공의로우시며 구원을 베푸시며
　　　겸손하여서 나귀를 타시나니
　　　나귀의 작은 것 곧 나귀 새끼니라
　　　(슥 9:9)

　하나님은 이 인간 메시아에게 자기 영을 부어 주시어 능력과 권세를 주셨지만, 그는 참으로 겸손하다. 그러므로 그는 나귀를 타고 예루살렘에 입성할 것이다. 그것도 새끼 나귀를 타고 말이다. 신약은 이 말씀이 예수님의 예루살렘 입성을 통해 성취되었다고 한다(마 21:1-5, 요 12:14-15). 다니엘은 이 메시아가 하나님으로부터 모든 나라와 백성을 다스리는 권세와 영광을 받을 것이라고 예언한다(단 7:11-14).

인간인 이 메시아는 또한 하나님이시다. 어떻게 한 존재가 동시에 하나님과 인간이 될 수 있다는 말인가? 이러한 상황을 가장 잘 묘사하고 있는 말씀이 이사야 9:6-7이다. 선지자는 온 세상에서 전쟁이 사라지고 참 평안과 기쁨이 임할 때가 오고 있다며, 메시아와 그의 시대를 다음과 같이 예언한다.

> 6 이는 한 아기가 우리에게 났고
>   한 아들을 우리에게 주신 바 되었는데
>   그의 어깨에는 정사를 메었고
>   그의 이름은 기묘자라, 모사라,
>   전능하신 하나님이라,
>   영존하시는 아버지라,
>   평강의 왕이라 할 것임이라
> 7 그 정사와 평강의 더함이 무궁하며
>   또 다윗의 왕좌와 그의 나라에 군림하여
>   그의 나라를 굳게 세우고
>   지금 이후로 영원히 정의와 공의로
>   그것을 보존하실 것이라
>   만군의 여호와의 열심이 이를 이루시리라
>   (사 9:6-7)

이사야는 장차 오실 메시아의 통치가 어떠할 것인가를 예언하면서 메시아는 인간으로 태어날 것이라는 말로 시작한다. "한 아기가 우리에게 났고, 한 아들을 우리에게 주신 바 되었다"(6절). 선지자는 이 "우리에게서 난 자"가 "우리"를 통치할 것이라고 한다. 메시아 통치자는 분명 인간으로 태어날 것이라는 예언이다.

또한 이 아이는 하나님이시다. 구약에서 이름은 신분과 속성을 의미하는데, 이 아이에게는 매우 특별한 이름들이 주어진다. "기묘자, 모사, 전능하신 하나님, 영존하시는 아버지, 평강의 왕"(6절). 이 호칭들을 하나씩 생각해보자.

대부분 영어 번역본들은 "기묘자라, 모사라"를 하나로 묶어 "기묘한 모사/놀라운 상담자"로 번역한다(NIV, NAS, NRS, cf. 새번역, 공동). 이 이름이 메시아가 놀라운 상담자임을 강조하는지, 아니면 그의 본질(viz., 하나님과 동질)이 놀랍다는 것을 의미하는지 확실하지 않다. 한 가지 확실한 것은 인간의 계략은 영적인 지혜가 부족하지만, 이 메시아 아이는 연약함에 강함이 있고, 항복할 때 승리가 주어지고, 죽음 안에 생명이 있다는 사실을 깨달은 지혜를 지녔다(사 42:1-4, 49:4, 21, 50:4-9, 52:13-53:12, 55:6-9, 57:15, 58:6-12).

메시아 아이가 지닌 두 번째 이름은 "전능하신 하나님"이다. 이사야 10:21에서 이 타이틀은 하나님을 묘사한다. 이 이름은 군사적인 능력과 연관이 있다. 이 메시아 아이의 군사적인 능력은 그 누구도 모방하지 못할 정도로 대단할 것이다. 그는 모든 일에 능하신 하나님이시기 때문이다.

메시아 아이의 세 번째 이름은 "영존하시는 아버지"이다. 구약에서 왕을 "아버지"라고 부르는 경우는 없다. 흔하지는 않지만, 하나님을 아버지라 부르는 경우는 있다. 연약한 자에 대한 하나님의 염려를 표현할 때(시 68:5), 하나님께서 자기 백성을 치리하시거나 훈계하실 때 (시 103:13, 잠 3:12, 사 63:16, 64:8), 백성들이 하나님을 대할 때(렘 3:4, 19, 말 1:6). 이 아이가 아버지라 불리는 것은 메시아의 통치는 하나님의 정의와 공의를 그대로 준행할 것을 의미한다. 한 가지 주목할 점은 어떤 성경 저자보다도 이사야는 "영존"이란 말을 많이 사용한다는 사실이다. "영존"은 여호와 이외에는 그 누구에게도 적용될 수 없다. 이 아이는 영존하시는 하나님이다.

메시아 아이의 네 번째 이름은 "평화의 왕"이다. 이 타이틀이 마지막에 오는 것이 당연하다. 평화는 하나님이 하시는 일의 절정이자 최종적인 목적이기 때문이다(cf. 사 32:17). 인류 역사의 흐름과 방향은 "평화"라는 개념으로 간단히 요약될 수 있다. 하나님은 인간을 창조하시고 그들에게 평화를 주셨다. 그러나 인간은 곧 죄를 지음으로써 이 평화를 잃어버렸다. 훗날 인간은 잃어버린 평화를 율법을 통하여, 윤리적인 생활을 통하여 찾으려 했지만, 결국 실패하고 메시아의 오심을 기다릴 수밖에 없었다. 메시아가 세상에 와서 드디어 그 평화를 주셨다.

이러한 이름들을 지닐 수 있는 사람은 없다. 오직 하나님만이 가지실 수 있는 이름들이기 때문이다. 그렇다면 이 메시아 하나님은 구약의 여호와 하나님과 동일한 인물인가? 그렇지는 않은 것 같다. 신약은 이 메시아를 두고 태초부터 하나님과 함께 계셨던 "말씀"(로고스)이라 한다(cf. 요 1장). 어떤 이들은 그를 두고 바빌론 왕 느부갓네살에 의하여 화덕에 던져진 다니엘의 세 친구와 화덕 안에서 함께하신 분이시며(단 3:25) 삼위일체 중 성육신하기 전의 성자 하나님이라 한다.

충분히 가능성이 있는 해석이다. 창세기 1:26과 3:22와 11:7은 하나님의 스피치를 직설화법으로 기록하고 있다. 하나님은 "우리"(1인칭 복수)를 사용하시어 하나님은 한 분 이상의 인격체이심을 암시한다. 또한 세상이 창조될 때 삼위일체의 제3인자이신 성령 하나님도 사역하셨다는 것이 기독교의 전통적인 해석이다(cf. 창 1:2).

이사야는 이 메시아가 하나님이라고 선언한 후, 이 아이는 사람임을 암시하는 말씀으로 예언을 마무리한다(7절). 첫째, 그의 왕권은 한계를 모르고 커져 나가며 세상을 평화롭게 할 것이다. 둘째, 이 아이는 다윗의 보좌에 앉을 것이며, 다시 다윗 왕조를 영화롭게 할 것이다. 셋째, 아이는 공평과 정의를 바탕으로 자기 나라를 굳게 세워나갈 것이다. 넷째, 아이가 이처럼 놀라운 통치를 펼쳐 나갈 것을 "하나님의 열심"이 보장한다. 이 모든 것은 삼위일체 중 제2인자이자 성자 하나님이신 예수님을 통해 성취될 것이다.

2) 메시아: 대속

이미 여러 차례 언급한 것처럼 인간은 스스로 노력하여 구원을 이룰 수 없다. 행실뿐만 아니라 마음까지 부패하여 온전하지 못한 인간은 결코 죄 문제를 자력으로 해결할 수 없기 때문이다(cf. 시 51:1-2, 130:3, 143:2, 사 1:5-6). 그러므로 율법은 속죄일(레 23장)과 각종 제사들(레 3-7장)을 통해 죄 문제를 해결하도록 했다. 그러나 이것은 죄를 지을 때마다, 혹은 매년 반복해야 하는 것으로써 하나님이 장차 이루실 영구적인 해결책의 모형에 지나지 않았다.

선지자들은 인간의 죄 문제가 영구적으로 해결되는 날을 각자 독특한 방법으로 묘사한다. 그러나 그들은 모두 인간이 스스로 죄 문제를 해결하는 것이 아니라, 하나님이 개입하시어 사람들의 죄를 해결해 주시는 날이 될 것이라고 한다. 이사야 선지자는 하나님이 아무런 조건 없이 일방적으로 자기 백성을 용서하실 날을 예언한다(57:14-21). 그날은 주의 백성이 하나님께 나아오는 것을 방해하는 모든 것을 제거하는 날이 될 것이다(14절). 이어 드디어 가장 높고 거룩한 곳에 거하시는, 지극히 존귀하고 영원히 사시는 하나님이 자신의 죄 때문에 통회하는 낮은 자들과 함께하시며 그들을 치유하기 위하여 오신다(15절). 죄 문제가 해결되지 않는 한 하나님과 사람은 함께 할 수 없다. 죄 문제에 대하여 이사야는 다음과 같이 하나님의 스피치를 기록하고 있다.

16 내가 영원히 다투지 아니하며
   내가 끊임없이 노하지 아니할 것은
   내가 지은 그의 영과 혼이
   내 앞에서 피곤할까 함이라

17 그의 탐심의 죄악으로 말미암아

　　내가 노하여 그를 쳤으며

　　또 내 얼굴을 가리고 노하였으나

　　그가 아직도 패역하여 자기 마음의 길로 걸어가도다

18 내가 그의 길을 보았은즉

　　그를 고쳐 줄 것이라

　　그를 인도하며

　　그와 그를 슬퍼하는 자들에게 위로를 다시 얻게 하리라

　　(사 57:16-18)

　하나님은 생기가 왕성하여 살아갈 것을 기대하며 사람을 창조하셨다(16절). 그런데 주님이 죄지은 그들을 법의 기준에 따라 징계하시면 살아남을 사람이 하나도 없다(16절). 또한 하나님이 징계하실수록 그들은 더 비뚤어져 간다(17절). 그러므로 그들의 죄에 대하여 더 이상 다투지 않으실 것을 선언하신다(16절). 그렇다면 하나님과 사람 사이를 단절하는 죄는 어떻게 하시는가? 주님은 인간의 죄와 죄성을 조건 없이 고쳐 주실/치료하실(히, 라파) 것이다(18절). 그러므로 인간은 어떠한 노력도 하지 않은 채 하나님의 일방적인 치료로 참 평안(히, 샬롬)을 누리게 될 것이다. "평강이 있을지어다 평강이 있을지어다 내가 그를 고치리라 하셨느니라"(19절).

　이사야 선지자보다 100여 년 뒤에 사역한 예레미야는 하나님이 주의 백성의 죄를 조건 없이 용서하시고 그들과 새로운 언약을 체결하실 것이라고 한다(31:31-34). 일명 예레미야의 "새 언약"이라고 불리는 이 언약은 출애굽 때 하나님이 모세를 통해 이스라엘과 체결하신 시내산 언약과는 질이 다르다. 시내산에서 주신 율법은 참 좋았지만, 무능하고 죄의 노예가 된 인간이 준수하기에는 매우 어려운 계약이었다(32절). 그러므로 하나님이 자기 백성과 새 언약을 맺으실 때에는 예전처럼 율법을 돌에 새기지 않고 그들의 마음에 기록하실 것이라 한다(33절). 하나님이 그들을 도우실 것이기 때문에 그들이 하나님의 율법을 몰라서 죄를 짓는 일은 더 이상 없을 것이다. 새 언약을 통해 하나님과 백성의 관계가 회복될 것이다(33절). 그리고 하나님은 그들의 죄를 조건 없이 용서하실 것이다. "내가 그들의 악행을 사하고 다시는 그 죄를 기억하지 아니하리라"(34절).

예레미야보다 약 20년 후에 사역을 시작한 에스겔도 하나님이 이스라엘의 죄를 용서하실 날을 예언한다(11:17-20, cf. 36:24-27). 그날이 되면 하나님은 자기 백성에게서 돌처럼 굳은 마음을 제거하시고 살처럼 부드러운 마음을 주실 것이다(11:19). 새 심장을 받는 일종의 "심장 이식수술"이 진행될 것을 의미한다. 새 심장을 받은 사람은 비로소 하나님의 율법을 지켜 행할 수 있게 되며, 하나님과의 관계도 회복된다(20절).

하나님은 어떤 방법으로 인간의 죄 문제를 해결하시는가? 구약은 죄 사함이 이루어지기 위해서는 분명 대가가 치러져야 한다고 한다(cf. 레 3-7, 23장). 그러므로 하나님의 용서에도 분명 치러져야 할 값이 있다. 바로 메시아의 목숨이 인간의 죄를 사하기 위하여 치러져야 하는 값이다. 구약에서 장차 오실 메시아의 고난과 대속적인 죽음을 가장 예술적으로 묘사하고 있는 일명 "종의 노래"(사 52:13-53:12)라는 예언에서 이사야는 다음과 같이 노래한다.

4 그는 실로 우리의 질고를 지고
　우리의 슬픔을 당하였거늘
　우리는 생각하기를 그는 징벌을 받아
　하나님께 맞으며 고난을 당한다 하였노라
5 그가 찔림은 우리의 허물 때문이요
　그가 상함은 우리의 죄악 때문이라
　그가 징계를 받으므로 우리는 평화를 누리고
　그가 채찍에 맞으므로 우리는 나음을 받았도다
6 우리는 다 양 같아서 그릇 행하여
　각기 제 길로 갔거늘
　여호와께서는 우리 모두의 죄악을
　그에게 담당시키셨도다
7 그가 곤욕을 당하여 괴로울 때에도
　그의 입을 열지 아니하였음이여
　마치 도수장으로 끌려 가는 어린 양과
　털 깎는 자 앞에서 잠잠한 양 같이
　그의 입을 열지 아니하였도다
8 그는 곤욕과 심문을 당하고 끌려 갔으나
　그 세대 중에 누가 생각하기를
　그가 살아 있는 자들의 땅에서 끊어짐은
　마땅히 형벌 받을 내 백성의 허물 때문이라 하였으리요
9 그는 강포를 행하지 아니하였고

그의 입에 거짓이 없었으나

그의 무덤이 악인들과 함께 있었으며

그가 죽은 후에 부자와 함께 있었도다

(사 53:4-9)

선지자는 52:13에서 시작된 노래에서 참으로 믿기 어려운 일이 일어났다며 하나님이 이루시는 구원의 놀라움에 감탄한다. 선지자가 본 환상은 먼 미래에 있을 일이지만, 그는 이미 일어난 일인 것처럼 과거형으로 예언한다. 이 일은 이미 과거에 있었던 일처럼 꼭 실현될 것을 강조하기 위해서이다. 학자들은 이러한 표기법을 "예언적 완료형" (prophetic perfect)이라고 한다.

온 세상과 왕들은 여호와께서 그 누구도 상상할 수 없는 방법을 통해 자기 백성을 구원하시는 것에 놀란다(52:14-15). 그들은 만일 구세주가 온다면, 왕처럼 큰 권세를 가진 자들 중에서 올 것으로 생각했다. 그러나 하나님이 보내신 구세주는 어떠한 권세도 가지지 않은 평민이어서 놀란다(52:15). 더 나아가 하나님이 이루시는 구원의 수혜자들도 구세주의 평범한 모습 때문에 놀란다(53:1-2). 심지어 그들은 메시아가 고난을 받아 죽임을 당할 때에도 그것은 그가 감당해야 할 그의 개인적인 고난이라며 당연하게 생각한다(53:3). 하나님이 메시아로 보내시는 이가 그들과 전혀 다르지 않기 때문이다.

그러나 정작 구세주로 온 이가 죽고 나면 큰 깨달음이 그들을 엄습할 것이다. 메시아는 그들이 생각한 것처럼 자기 죄로 인해 고난을 당하고 죽은 것이 아니라, "우리"(주의 백성들)가 하나님께 죄로 인해 받아야 할 징벌과 고난을 대신 받아 죽었다는 사실이다(4절). 그러므로 "우리"는 메시아가 찔리고 상한 것(하나님께 벌을 받아 죽은 것)은 자신의 죄 때문이 아니라 "우리"의 허물과 죄악 때문이라고 고백한다(5절).

그는 벌을 받아 상함으로 "우리"에게 평화(히, 샬롬)와 나음(히, 라파)을 주었다(5절). 하나님과 "우리"의 관계가 회복된 것이다. 그의 죽음이 "우리"의 죗값이 되었기 때문이다. 이러한 사실을 깨닫지 못한 "우리"는 메시아가 죽을 때 양들이 흩어지듯 각기 제 길을 갔지만, 하나님은 "우리 모두"의 죄악을 그가 지도록 하셨다(6절).

메시아는 이 대속적인 고통과 죽음을 잠잠히 받아들였다(7절). 그가 죽는 순간까지 아무도 그의 고통과 죽음이 우리의 죄를 대속한 것이라는 생각은 하지 못했다(8절). 어떠한 죄도 짓지 않았던 그는 우리의 죄로 인해 죽어 악인들과 함께 묻혔다(9절). 하나님은 주의 백성의 죄를 대속하여 죽은 메시아를 다시 살리셔서 대속의 열매를 누리게 하셨다(10-12절). 이사야는 스스로 죄 문제를 해결할 수 없는 백성들을 위하여 하나님이 메시아를 보내 그들의 죄를 대속하게 하실 것이라고 예언하고 있다. 신약은 이 모든 일이 예수님을 통해서 성취되었다고 한다. 심지어는 메시아가 죽어 부자의 무덤에 묻히게 될 예언(9절)도 예수님을 통해 성취되었다(마 27:57-60).

3) 메시아: 예수님이어야만 하는가?

지금까지 우리는 구약에서 구원이 무엇을 의미하는지, 하나님이 구원을 어떻게 이루시는지 등을 살펴보았다. 구약에서도 구원은 부활을 전제하며, 영생을 포함한다는 사실도 확인했다. 구약의 구원론에서 가장 중요한 것은 사람이 자력으로 구원을 얻는 것이 아니라, 하나님이 인간의 죄를 대속하도록 보내시는 메시아를 통해서 실현될 것이라는 사실이다. 그렇다면 우리가 생각해보아야 할 질문은 누가 하나님이 보내실 메시아가 될 것인가이다. 베드로전서 1:10-11은 선지자들이 이 이슈에 대하여 열심히 연구하고 살폈지만, 메시아가 오실 때(구체적인 시기)와 정황(구체적인 신원)은 알지 못했지만, 그가 오시면 먼저 고난을 받고 이후 영광을 받을 것은 알았다고 한다.

반면에 예수님은 모세의 율법과 예언과 시편이 메시아에 대하여 기록한 것들이 모두 그에 관한 것이기 때문에 이 모든 것들이 그를 통해서 이루어져야 한다고 하셨다(눅 24:44, cf. 요 1:45). 더 나아가 예수님은 "내가 곧 길이요 진리요 생명이니 나로 말미암지 않고는 아버지께로 올 자가 없느니라"(요 14:6)라고 선언하시며 자신이 바로 구약이 수천 년 동안 올 것이라고 예언했던 메시아라고 하셨다. 예수님 외에는 그 누구도 하나님이 자기 백성을 구원하기 위하여 보내신 메시아가 될 수 없다고 단언하신 것이다.

구약은 예수님의 선언에 대하여 무어라 하는가? 우리가 이때까지 둘러본 메시아에 대한 예언들을 살펴보면 구체적인 이름이나 메시아가 올 연대가 언급되지 않았기 때문에 여러 예언들이 제시한 조건들을 충족하면 누구든 메시아가 될 수 있을 것으로 생각할 수도 있다. 더욱이 조건들이 명료하지 않으니 반드시 예수님이 유일한 메시아가 될 필요는 없다고 생각할 수도 있다.

그렇지 않다. 구약의 예언들을 살펴보면 예수님 외에는 그 누구도 메시아가 될 수 없다. 2000년 전에 요셉의 아들로 태어나신 예수님은 태초부터 하나님이 자기 백성을 구원하기 위하여 계획하시고 보내신 유일한 메시아이시다. 다른 사람은 절대 메시아가 될 수 없다. 구약의 메시아에 관한 예언들이 이러한 사실을 입증한다.

우리가 살펴본 것처럼 인간의 죄 문제를 해결해 줄 메시아에 대한 예언은 창세기 3장에 처음으로 등장한다. 창세기 3장은 메시아에 대하여 두 가지를 말한다. 첫째, 뱀(독사)에게 발꿈치를 물려 죽은 그는 부활하여 사탄이 가지고 있는 가장 큰 무기인 죽음을 무력화할 것이다. 둘째, 그의 죽음은 아담과 하와와 그들의 후손들의 "부끄러움"(죄)을 영원히 "가려줄 것"(하나님과 인간 사이를 갈라놓지 못하게 할 것)이다.

이후 성경은 메시아가 태어날 집안(계보)을 조금씩, 그러나 지속적으로 구체화시킨다. 메시아는 가인의 후손이 아니라, 아담의 아들 셋의 후손으로 올 것이다(cf. 창 4장). 세월이 지나면서 셋의 여러 후손들 중에서도 노아의 집안을 통해서, 더 나아가 노아의 아들들 중에서도 셈의 계보를 통해 올 것이 구체화된다(cf. 창 9:26-27). 셈은 여러 자손들을 두었고, 그의 후손 에벨은 벨렉과 욕단을 두었는데, 이 두 아들 중 메시아는 벨렉의 후손으로 올 것이 암시된다(cf. 창 10:21-31, 11:10-32). 메시아에 대한 예언은 벨렉의 후손 아브라함의 등장으로 새로운 단계에 이른다.

창세기가 끝나갈 무렵 아브라함의 손주 야곱은 죽기 전에 열두 아들을 모아 놓고 예언을 하는데, 이때 그는 유다에게 복을 빌어주면서 메시아가 올 때까지 유다가 형제들을 다스릴 것이라며 메시아는 유다 지파 사람으로 올 것을 암시한다.

> 규가 유다를 떠나지 아니하며
> 통치자의 지팡이가 그 발 사이에서 떠나지 아니하기를
> 실로가 오시기까지 이르리니
> 그에게 모든 백성이 복종하리로다
> (창 49:10)

"규"와 "통치자의 지팡이"는 다스리는 권리를 상징한다. 야곱은 유다가 장자 지파가 되어 형제 지파들을 다스릴 것, 곧 이스라엘의 모든 지파를 다스리는 왕조는 유다 지파에서 나올 것을 예언하고 있다. 언제까지 이 일이 계속될 것인가? "실로가 오시기까지"이다. "실로가 오신다"는 것이 무엇을 의미하는가?

본문의 실로는 훗날 하나님의 장막이 세워졌고 어린 사무엘이 머물렀던 실로(cf. 수 18:1, 삼상 1:3, 3:21)와 히브리어 스펠링이 다르다. 구약의 헬라어 번역본인 칠십인역(LXX)은 "실로"를 규와 지팡이의 "소유자

(메시아)가 오실 때까지"라는 의미로 번역했다. 메시아가 올 때까지 유다가 형제 지파들을 다스릴 것이라는 의미인 것이다. 그러므로 오늘날 많은 번역본들이 이러한 의미를 반영하여 번역한다. "유다는 참된 왕이 올 때까지 다스릴 것이다"(아가페, cf. 공동, 새번역, 현대인, NIV, CSB, NIRV).

야곱은 죽으면서 메시아는 이스라엘 열두 지파들 중에서도 유다 지파를 통해 올 것이라고 했다. 유다 지파에도 여러 집안이 있는데, 과연 어느 집안을 통해 올 것인가? 많은 세월이 지난 후 하나님은 다윗에게 메시아는 그의 후손으로 올 것을 약속하신다. 일명 "다윗 언약"이라고 하는 사무엘하 7장에서이다.

다윗은 여호와를 위하여 성전(집)을 짓고 싶어 선지자 나단을 불러 자기의 생각을 전했다. 선지자를 통해 하나님은 아직 때가 아니라며 거부하셨다. 그러면서도 하나님은 다윗을 참으로 대견하게 여기셨기 때문에 오히려 다윗을 위하여 집을 지어주겠다고 하셨다. "네 집과 네 나라가 내 앞에서 영원히 보전되고 네 왕위가 영원히 견고하리라"(삼하 7:16).

이후 선지서들과 시편의 메시아에 대한 예언은 모두 다윗을 중심으로 한다. 메시아는 다윗의 후손이며, 다윗 계열의 왕으로 오며, 새로운 다윗이며, 다윗의 보좌에 앉을 것 등등. 심지어는 메시아가 태어날 장소도 다윗의 고향이 될 것이라 한다. "베들레헴 에브라다야 너는 유다 족속 중에 작을지라도 이스라엘을 다스릴 자가 네게서 내게로 나올 것이라 그의 근본은 상고에, 영원에 있느니라"(미 5:2).

구약은 인간이자 하나님으로 오시는 메시아는 반드시 다윗의 후손으로 오실 것을 예언하고 있다. 메시아는 반드시 유다 지파 사람이어야 하며, 더 나아가 다윗의 후손이어야 한다. 이 조건을 충족시키지 못하면 세상 말로 "짝퉁"에 불과하다. 그러므로 신약도 예수님이 다윗의 후손임을 증거한다(마 9:27, 12:23, 15:22, 20:30-31, 21:9, 15; 22:42, 막 10:47-48, 12:35, 눅 3:31, 18:38-39). 예수님은 구약이 예언한 바로 그 메시아라는 뜻이다.

마태복음 1장에 기록된 예수님의 계보는 그가 다윗의 후손으로 오신 메시아임을 숫자 "14"를 사용하여 강조한다. 구약의 계보들을 종합해보면 아브라함에서 예수님까지는 14-14-14대가 아니다. 그럼에도 불구하고 마태는 예수님의 계보를 마무리하면서 "아브라함-다윗-바벨론 포로-그리스도"로 이어지는 세대 수가 각각 14대라고 한다. "그런즉 모든 대 수가 아브라함부터 다윗까지 열네 대요 다윗부터 바벨론으로 사로잡혀 갈 때까지 열네 대요 바벨론으로 사로잡혀 간 후부터 그리스도까지 열네 대러라"(마 1:17). 그렇다면 숫자 "14"는 다윗과 무슨 연관성이 있기에 마태는 이렇게 정리하고 있는 것일까?

유대인들은 아라비아 숫자를 사용하지 않고 각 히브리어 알파벳에 숫자적 가치를 부여하여 수를 표기했다. 히브리어로 이름 "다윗"의 스펠링에 동원되는 글자들이 지닌 숫자적 가치를 더하면 14가 된다. 그러므로 마태는 "아브라함-다윗-바벨론 포로-예수님"으로 이어지는 계보를 14-14-14대로 정리하여 예수님은 참으로 다윗의 후손(14x3)이심을 강조하고 있는 것이다.

구약은 사람들을 죄에서 구원할 메시아는 반드시 다윗의 후손으로 올 것이라고 한다. 신약은 예수님이 바로 구약이 예언한, 곧 다윗의 후손으로 오신 메시아라고 한다. 이러한 상황을 고려할 때 인류를 죄에서 구원할 메시아는 예수님이어야만 한다. 다른 가능성은 없다.

7. 구원: 믿음으로

구원은 분명 메시아의 대속적 죽음을 통해 이루어진다는 것이 선지자들의 가르침이다. 그렇다면 사람이 어떻게 해야 메시아의 대속적 죽음을 통해 구원에 이를 수 있는가? 구약은 의로운 사람만 하나님이 베푸시는 구원을 받을 수 있다고 한다(시 24:5, 37:39, 65:5, 98:2, 118:15). 또한 사람은 믿음으로 하나님께 의를 인정받는다(창 15:6, cf. 롬 4:5, 히 11장). 의는 하나님의 선물이기 때문에 사람이 주님을 믿으면 의를 선물로 주신다.

그러므로 구원은 믿음으로만 얻을 수 있다. 믿음은 사람이 오직 하나님을 믿고 의지하는 것을 뜻한다(시 13:5, cf. 잠 3:5). 그러므로 성경은 하나님을 의지하고 주님께 피하는 자들을 복되다 하며(시 84:12, 렘 17:7), 여호와는 그들을 구원하실 것이라고 한다(시 34:8, 37:39-40, 57:1, 나 1:6-7, cf. 시 37:34, 78:22, 욘 3:5-10).

종교개혁자 마틴 루터는 "오직 의인은 믿음으로 말미암아 살리라" (롬 1:17)라는 말씀을 근거로 개신교 교리의 근간을 마련했다. 그러나 대부분 사람들이 간과하는 것은 이 말씀은 하박국 2장 4절을 인용한 것이라는 사실이다. 구약은 이미 수천 년 전부터 믿음의 중요성과 믿음 없이는 하나님을 기쁘게 할 수 없고 구원에 이를 수도 없다는 사실을 선포한 것이다.

믿음은 오직 하나님을 의지하는 것이라 했는데, 사람이 하나님을 믿는다는 것은 무엇을 의미하는가? 곧 사람이 하나님을 믿으면 그에게 어떤 변화가 있는가? 구약에서 이 이슈를 가장 잘 묘사하고 있는 것은 야곱이 얍복강에서 하나님과 씨름한 이야기이다(창 32:24-32).

야곱은 20년의 타향생활을 접고 약속의 땅 가나안으로 돌아오는 길이었다. 야곱은 하나님의 구원하심으로 그를 죽이려고 큰 무리를 이끌고 칠 일 길을 추격해왔던 장인이자 외삼촌 라반과 겨우 평화협정을 맺었다(창 31:22-55). 그가 약속의 땅에 입성할 무렵 종을 보내 형에서에게 자신의 귀향을 알리자 에서는 그를 죽이려고 400명의 장정을 이끌고 나왔다(32:1-6). 야곱은 진퇴양난에 처했다. 일이 이렇게 된 것은 그가 과거에 형과 아버지와 장인에게 저지른 죄 때문이었다.

하나님은 죽음의 공포에 질려 있는 야곱을 찾아오셨다. 그리고 밤새 그와 씨름하셨다. 훗날 호세아는 이 씨름이 물리적인 씨름이었을 뿐만 아니라 야곱의 "영적 씨름"(눈물과 기도로 하나님께 자비를 구하는 일)이기도 했다고 한다(호 12:3-4). 축복하지 않으면 절대 보내 드리지 않겠다는 야곱의 비장한 각오를 간파하신 하나님은 그에게 이름을 물으셨다(창 32:27). 그의 이름을 몰라서가 아니다. 성경에서 이름은 그 사람의 신분과 삶을 요약한다. 그러므로 하나님의 질문은 "너는 어떤 삶을 산 사람이냐?"는 의미를 지녔다. 이에 야곱은 고개를 떨구며 "야곱입니다"라고 대답했다. 성경에서 이름 "야곱"은 "속이는 자, 지렁이 같은 자" 등등 죄로 얼룩진 삶을 상징한다. 야곱은 자신의 부끄러운 삶과 죄를 고백한 것이다.

하나님은 야곱의 고백을 들으시고 그의 이름을 "이스라엘"로 바꿔 주셨다(28절). 하나님이 그를 용서하셨으니, 지난 삶은 잊고, 이제부터는 새로운 신분으로 새로운 삶을 살아가라는 뜻에서이다. 신약 시대에 사람이 예수님을 통해 죄 사함을 받고 주님의 자녀라는 새로운 신분으로 새 삶을 시작하는 것과 비슷하다.

야곱도 하나님이 그를 용서하시고 새로운 삶과 신분을 주신 것이 이러한 이유에서라는 사실을 잘 알았다. 그러므로 그의 삶은 이 얍복강 사건 전과 후로 구분된다. 이 일이 있기 전에는 야곱은 속이는 자였다. 그는 형을 속였고, 아버지를 속였다. 장인도 속였다. 그러나 이 일이 있은 후에 야곱은 다시는 누구를 속이지 않는다. 오히려 아들들에게 속을 뿐이다.

이 일이 있기 전에 야곱은 자기 능력과 잔꾀로 자신이 원하는 것을 얻고, 심지어 빼앗는 삶을 살았다. 얍복강 사건 이후로 그는 온전히 주님만을 의지하며 살았다. 씨름을 통해 그가 평생 다리를 저는 장애를 얻은 것은 바로 이런 상징성을 지녔다(25, 32절). 야곱 이야기는 구약에서 신약의 "회심 경험"과 가장 비슷한 사건인 것이다. 하나님은 이 야곱 이야기를 통해 믿음으로 용서를 받고 사는 것이 무엇을 의미하는가를 알려 주시는 듯하다.

8. 결론

구약은 구원이 하나님의 선물이며, 사람은 다윗의 후손으로 오실 구세주에 대한 믿음을 통해 구원을 얻을 수 있다고 한다. 또한 구원은 하나님이 이 땅에서 자기 백성에게 베푸시는 온갖 축복뿐만 아니라 영생까지 포함하고 있다. 구약은 이 땅을 살았던 모든 주의 자녀들이 세상 끝 날에 부활하여 영생을 누릴 것이라고 하기 때문이다.

신약은 태초 이후 이 땅을 살았던 모든 성도들의 믿음의 창시자이자 완성자는 예수님이라고 한다(히 12:2). 예수님은 신약 시대를 사는 하나님의 자녀들뿐만 아니라, 구약 시대를 살았던 성도들의 구원에도 관여하셨다는 뜻이다. 예수님은 구약이 예언한 대속자─구세주이시기 때문에 예견된 일이라 할 수 있다. 또한 신약이 예수님은 태초부터 아버지와 함께하셨고 아버지와 하나라고 하는 것도 이 같은 사실을 암시한다(cf. 요 1장, 10:30, 14:9, cf. 17:21).

구약의 메시아에 대한 예언들을 모두 종합해보면 예수님 외에는 이 예언들을 충족시킬 이가 없다. 그러므로 예수님은 "내가 곧 길이요 진리요 생명이니 나로 말미암지 않고는 아버지께로 올 자가 없느니라"
(요 14:6)라고 단호히 선포하신다.

그렇다면 신약에서처럼 구약에서도 예수님을 아는 것만이 구원에
이르는 길인데, 구약 성도들은 과연 예수님에 대하여 어느 정도까지
알았을까? 구약에도 메시아로 오실 예수님을 어렴풋이 안 사람들이
있다. 성경은 모세가 출애굽 역사를 이루어 갈 때 이미 그리스도를 알
았다고 한다(히 11:24-26). 다윗은 장차 메시아로 올 자기 후손을 보고
"내 주"라고 부른다(시 110:1-2).

> 1 여호와께서 내 주에게 말씀하시기를
>   내가 네 원수들로 네 발판이 되게 하기까지
>   너는 내 오른쪽에 앉아 있으라 하셨도다
> 2 여호와께서 시온에서부터
>   주의 권능의 규를 내보내시리니
>   주는 원수들 중에서 다스리소서

다니엘은 다윗이 본 것과 비슷한 환상을 보았다. 인자 같은 이(메시
아)가 옛적부터 항상 계신 이(하나님)께 세상 모든 민족과 나라를 다스
리는 권세를 받는 환상이다(단 7:13-14). 역사는 이 메시아가 바로 예수
님이라고 한다.

> 13 내가 또 밤 환상 중에 보니 인자 같은 이가 하늘 구름을 타고 와서 옛적
>   부터 항상 계신 이에게 나아가 그 앞으로 인도되매

14 그에게 권세와 영광과 나라를 주고 모든 백성과 나라들과 다른 언어를 말하는 모든 자들이 그를 섬기게 하였으니 그의 권세는 소멸되지 아니하는 영원한 권세요 그의 나라는 멸망하지 아니할 것이니라

이러한 정황을 종합해보면 구약 성도들도 분명 예수님에 대하여 아는 바가 조금은 있었던 것으로 생각된다. 그들은 예수님에 대하여 어느 정도 알았을까? 그들은 태초부터 하나님이 그들의 죄를 대속하기 위하여 메시아를 보내기로 계획하셨다는 사실을 알고 있었다. 그들은 메시아가 다윗의 후손으로 오실 것도 알았다. 그들은 죽지만 언젠가는 부활하여 주님과 함께 영생을 누릴 것도 알았다. 단지 그들은 이 메시아가 인류 역사에서 "나사렛 예수"로 오실 것은 몰랐다.

이 점을 고려할 때 베드로전서 1:10-11이 많은 도움이 된다. 베드로는 선지자들이 장차 오실 구세주에 대하여 열심히 연구하고 살폈다고 한다. 선지자들은 많은 연구와 묵상을 한 후 결론을 내리기를 메시아가 오면 먼저 고난을 받고 이후 영광을 받을 것이라고 했다. 그러나 그들은 메시아가 오실 때(구체적인 시기)와 정황(구체적인 신원)은 알지 못했다고 한다. 선지자들도 메시아로 오시는 이가 나사렛 예수님이 될 줄은 몰랐다는 것이다.

그럼에도 불구하고 신약은 "영생은 곧 유일하신 참 하나님과 그가 보내신 자 예수 그리스도를 아는 것"(요 17:3)이라며 예수님을 아는 지식이 구원의 필수적인 요건이라고 한다. 구약과 이 말씀의 괴리를 어

떻게 극복해야 하는가? 별로 어렵지 않다. 예수님은 "나를 보내신 아버지께서 이끌지 아니하시면 아무도 내게 올 수 없으니 오는 그를 내가 마지막 날에 다시 살리리라"(요 6:44)고 말씀하시고, "그러므로 전에 너희에게 말하기를 내 아버지께서 오게 하여 주지 아니하시면 누구든지 내게 올 수 없다 하였노라"(요 6:65, cf. 17:11)라고 말씀하셨다. 아버지 하나님과 아들 하나님은 구원 사역에서 완전히 일치되어 있음을 시사하신다. 아버지 하나님이 구원하시고자 하는 사람들은 한 사람도 빠짐없이 구원하는 것이 예수님의 사역이다.

예수님은 아버지와 자신의 일치함을 강조하면서 "나와 아버지는 하나이니라"(요 10:30, cf. 17:21)고 말씀하셨다. 그러므로 예수님을 본 사람은 곧 아버지를 보았다(요 14:9). 이러한 가르침을 바탕으로 생각해 보면 구약에서 여호와를 아는 것은 곧 예수님을 아는 것이다. 그러므로 구약에서 하나님을 아는 것(믿는 것)은 곧 예수님을 아는 것이라 할 수 있다. 그렇기 때문에 구약 시대의 많은 성도들이 믿음으로 영생을 얻을 수 있었다(cf. 에녹, 엘리야, 히 11장에 기록된 많은 믿음의 선진들). 그들은 "유일하신 참 하나님과 그가 보내신 자 예수 그리스도를 아는 것"으로 영생을 얻은 것이다(요 17:3).

참고문헌

Farris, T. V. Mighty to Save: A Study in Old Testament Soteriology. Nashville: Broadman Press, 1993.

Kerswill, W. D. The Old Testament doctrine of salvation: or, How Men were saved in Old Testament times. Philadelphia: Presbyterian Board of Publication and Sabbath-School Work, 1923.

송병현. 『엑스포지멘터리 창세기』 서울: 도서출판 엑스포지멘터리, 2010.

_____. 『엑스포지멘터리 레위기』 서울: 도서출판 엑스포지멘터리, 2013.

_____. 『엑스포지멘터리 시편 1』 서울: 도서출판 엑스포지멘터리, 2018.

_____. 『엑스포지멘터리 시편 2』 서울: 도서출판 엑스포지멘터리, 2019.

_____. 『엑스포지멘터리 시편 3』 서울: 도서출판 엑스포지멘터리, 2019.

_____. 『엑스포지멘터리 이사야 1』 서울: 도서출판 엑스포지멘터리, 2012.

_____. 『엑스포지멘터리 이사야 2』 서울: 도서출판 엑스포지멘터리, 2012.

_____. 『엑스포지멘터리 예레미야 1』 서울: 도서출판 엑스포지멘터리, 2016.

_____. 『엑스포지멘터리 예레미야 2, 예레미야 애가』 서울: 도서출판 엑스포지멘터리, 2016.

_____. 『엑스포지멘터리 에스겔』 서울: 도서출판 엑스포지멘터리, 2018.

_____. 『엑스포지멘터리 다니엘』 서울: 도서출판 엑스포지멘터리, 2018.

_____. 『엑스포지멘터리 호세아, 요엘, 아모스, 오바댜, 요나』개정판. 서울: 도서출판 엑스포지멘터리, 2017.

_____. 『엑스포지멘터리 요나, 미가, 나훔, 하박국, 스바냐, 학개, 스가랴, 말라기』 서울: 도서출판 엑스포지멘터리, 2011.

제2장

하나님의 치밀한
구원계획과 한국교회

한국교회는 사랑으로 움직이는 믿음의 공동체인가?

한국교회가 예수님의 기도에 부응하는 사랑을 실천하고 있는가?

우리는 하나님의 무조건적인 사랑을 기억하면서 무슨 일을 하든지

사랑의 원리가 작동되도록 노력하여야 할 것이다.

박형용

국제대, 총신대학교신학대학원을 졸업했으며, 미국 웨스트민스터 신학대학원에서
신학석사 학위를, 에모리대학교 신학대학원에서 신학박사 학위를 받았다. 총신대
학교신학대학원에서 4년 동안 가르쳤고, 합동신학대학원대학교 태동부터 20여 년
이 넘게 신약학을 가르쳤고 총장도 역임하였다. 서울성경신학대학원대학교와 웨
스트민스터신학대학원대학교 총장을 역임하였다. 현재 Asia Graduate School of
Theology(AGST)-Pacific 이사장과 합동신학대학원대학교 명예교수로 재직 중이
다. 2004년 자랑스러운 신학자상 수상(국민일보/세계복음화협의회)했으며, 2018
년 신학분야 최고 전문인 100인(International Biographical Centre, Cambridge,
England)에 선정되었다. 주요 저서로는 『성경해석의 원리』 『교회와 성령』 『바울신
학』 『신약성경신학』 『사도행전 주해』 『빌립보서 주해』 『에베소서 주해』 『말씀 산
책』 등 30여 권이 있다.

하나님의 치밀한 구원계획과 한국교회

1. 들어가는 말

성경은 하나님의 구속역사를 인간의 언어로 기록한 책이다. 성경을 통하지 않고는 하나님이 누구이시며, 무슨 일을 하셨으며, 무슨 일을 하고 계시며, 앞으로 무슨 일을 하실 것인지를 바로 알 수가 없다. 우리는 항상 성경 배면에 하나님의 구속역사가 존재함을 인정해야 한다. 구속역사 없는 성경은 다른 종교의 경전이나 다를 바 없다. 성경은 하나님이 천지를 창조하시고 하나님의 형상을 따라 인간을 창조하셨다고 기록한다. 하나님의 뜻은 인간이 하나님의 하나님 됨을 인정하고 경배하게 하시기 위해 다른 모든 창조물은 다스리고 마음대로 할 수 있도록 허락했지만(창 1:26-30, 2:16), 하나님이 금하신 선악과만은 범하지 않도록 명령하셨다(창 2:17). 하나님은 아담에게 다른 모든 일은 임의로 할 수 있도록 권한을 주셨지만, 하나님과 인간의 구분을 흩트릴 수 없도록 하시기 위해 선악과를 먹지 못하게 하셨다. 하나님의 이 명령만 제대로 지켰더라면 아담과 하와는 물론 그들의 후손들까지라도 영원히 사망을 두려워하지 않고 질병과 고난과 고통 없이 즐겁게 살 수 있었을 것이다. 하지만 아담은 하나님의 명령에 불순종하고 죄를 짓게 되어 죽음을 초래한 것이다. 하나님이 "선악을 알게 하는 나무의 열매는 먹지 말라 네가 먹는 날에는 반드시 죽으리라"(창 2:17)라고 말씀하신 경고처럼 아담은 이제 죽을 수밖에 없는 존재가 되었다. 하나님은 죄를 지어 죽게 된 아담과 하와를 그대로 내버려 두어 죽일 수도 있었지만, 하나님의 사랑과 은혜는 그들을 살리시기 원했다(롬 5:8 참조). 그래서 하나님은 인간의 도움 없이 하나님의 방법으로 인간을 구원하시기 위해 치밀한 구원계획을 세우시고 시행하신다.

2. 죄의 등장과 하나님의 구속계획

우리는 하나님의 구속계획과 한국교회에 관한 주제에 접근할 때 성경이 정확무오한 하나님의 말씀임을 전제하고 시작해야 한다. 성경이 하나님의 말씀임을 인정하지 아니하면 우리의 논의는 허구에 지나지 않게 된다. 앨리스(Allis)는 "구약의 23,000절 가운데서(필자의 계산으로 정확히는 23,143절) 하나님이나 혹은 하나님의 다른 이름이 10,000번 나타나는데 이는 모든 두절 반(2와 1/2절)에서 한 번씩 나타나는 셈이다. 따라서 하나님은 성경에서 위대한 분이요 충만한 주제이다. 성경은 우리에게 계속적으로 하나님에 대해 이야기해 주기 때문에 하나님의 책이다. 성경이 우리에게 하나님에 관해 말하는 것은 대부분 하나님이 무엇을 행하셨고, 하나님이 무엇을 말씀하셨는지에 관한 것이다."[1]라고 바로 정리한다.

성경은 아담의 불순종으로 죄가 세상에 들어왔다고 가르친다. 죄는 인간의 영생을 박탈하고 세상의 창조 질서를 파괴하는 역할을 한다. 결국 인간은 하나님과 불목하게 되었고, 다른 인간과 불목하게 되었으며, 자연과도 불목하는 관계로 살아갈 수밖에 없었다. 하나님은 죄 아래, 사망 아래 놓여있는 인간을 그의 사랑으로 구원하기 원해서 구속역사를 계획하시고 그 사실을 점진적인 방법으로 인간에게 계시해 주신다. 하나님은 인간이 죄를 범하자마자 메시아를 주시겠다고 약속해 주신다. 하나님께서 "내가 너로 여자와 원수가 되게 하고 네 후손도 여자의 후손과 원수가 되게 하리니 여자의 후손은 네 머리를 상하게 할 것이요 너는 그의 발꿈치를 상하게 할 것이니라"(창 3:15)라고 말씀하신 것은 아담과 하와를 넘어지게 한 뱀에게 내리신 저주의 말씀이지만 또한 죄인들의 죄 문제 해결을 위해 하나님께서 한 가지 해결 방법을 제시해 주시는 말씀도 된다. 하나님은 인간이 죄를 범하자마자 약속으로 "여자의 후손"을 주시겠다고 말씀하신다. 이 약속

1_Oswald T. Allis, *The Old Testament Its Claims and Its Critics* (Nutley: Presbyterian and Reformed Publishing Co., 1972), p. 7.

은 은혜의 범주에 속하지 공로의 범주에 속하지 않는다. 이 말씀은 하나님께서 죄 문제를 해결하실 때 우리의 공로를 계산하지 않고 하나님의 은혜만으로 해결하실 것임을 암시하고 있다. 그러므로 구약 시대에도 율법을 지키는 우리의 공로로 구원을 얻는 것이 아니요 하나님의 은혜로만 구원을 얻는 것이다. 우리는 "여자의 후손" 즉, 메시아를 보내 주시겠다고 약속하신 이 말씀을 "원복음"(Protoevangelium)이라고 부른다.

메시아를 주시겠다는 하나님의 약속은 구약 성경에서 점점 더 분명하게 드러난다. 하나님은 아브라함과 사라를 통해 이삭을 주시고 또 이삭을 바치게 하심으로 앞으로 오실 메시아가 어떻게 태어날 것과 어떻게 죽을 것을 표상적으로 암시해 주신다(창 18:10-15, 22:1-19). 앞으로 오실 메시아는 불가능한 가운데 이적적으로 태어날 것이며 죽음의 길을 가게 될 것이다. 메시아가 고난의 길을 가게 될 것이라는 예언은 구약에서 점점 더 분명하게 나타난다.[2] 시편 22편에 보면 메시아가 십자가상에서 당할 고난을 구체적으로 언급하고 있다. 다윗은 "내가 내 모든 뼈를 셀 수 있나이다. 그들이 나를 주목하여 보고 내 겉옷을 나누며 속옷을 제비 뽑나이다"(시 22:17-18)라고 메시아가 당할 고난을 구체적으로 예언한다(마 27:35). 우리는 이사야 53:1-12의 내용

2_참고로, J. Barton Payne (Encyclopedia of Biblical Prophecy. New York: Harper and Row, 1973, p. 13)은 성경의 31,124 구절 중 8,352 구절(27%)이 기록된 시점이나 말한 시점으로 볼 때 미래 사실을 미리 말한 것이라고 정리한다.

에서 역시 메시아가 어떤 고난을 당하게 될 것을 본다. 이사야 선지자는 "그는 멸시를 받아 사람들에게 버림 받았으며 간고를 많이 겪었으며 질고를 아는 자라"(사 53:3), "그가 찔림은 우리의 허물 때문이요 그가 상함은 우리의 죄악 때문이라 그가 징계를 받으므로 우리는 평화를 누리고 그가 채찍에 맞으므로 우리는 나음을 받았도다"(사 53:5), "그의 무덤이 악인들과 함께 있었으며 그가 죽은 후에 부자와 함께 있었도다"(사 53:9)라고 예언한다. 이 모든 말씀은 메시아가 고난의 종으로 오셔서 죽기까지 고난을 받으실 것을 예언하고 있다. 메시아가 죄 문제를 해결하기 위해 오실 것이기 때문에 고난과 죽음의 길을 가는 것이 당연한 것이다. 왜냐하면, 죄의 삯은 사망이기 때문이다(롬 6:23). 구약은 메시아의 고난에 대해 풍성한 자료를 제공해 준다. 심지어 구약은 메시아가 어디에서 태어날 것까지 예언하고 있다. 미가서는 "베들레헴 에브라다야 너는 유다 족속 중에 작을지라도 이스라엘을 다스릴 자가 네게서 내게로 나올 것이라 그의 근본은 상고에, 영원에 있느니라"(미 5:2)고 기록한다. 상고에 계신 분이 누구인가? 태초에 계신 분이 누구인가? 바로 하나님이 아니신가? 이 말씀은 죄 문제 해결을 위해 하나님이 친히 메시아로 오실 것을 암시하고 있다.

3. 예수님의 사역과 구속의 성취

하나님은 예언된 메시아를 보내시기 위해 치밀한 준비를 하신다. 성경은 메시아의 오심의 때를 가리켜 "때가 찼고"(막 1:15), "때가 차매"(갈 4:4)라는 표현으로 묘사한다. 예수님은 예언된 대로 때가 차서 여자를 통해 율법 아래 태어나셨다(갈 4:4). 예수님은 초대 로마 황제 가이사 아구스도(Caesar Augustus: BC 31-AD 14)가 로마 제국을 다스리고 헤롯 대왕이 유대 땅을 다스리던 때에 태어났다(눅 2:1-7, 마 2:1-12, 19). 예수님의 태어나신 연대는 대략 BC 4년 혹은 BC 5년으로 추정한다. 예수님이 마리아의 몸에 성령으로 잉태될 때는 마리아가 갈릴리 나사렛에서 요셉과 정혼한 상태로 살고 있었다(눅 2:4). 그러나 가이사 아구스도의 호적령 때문에 요셉과 마리아는 유대 땅 베들레헴으로 여행을 가게 되었고 그때 마리아가 예수님을 출산하게 된 것이다(눅 2:4-7). 이는 선지자 미가(Micah)가 예언한 말씀의 성취인 것이다(미 5:2). 예수님은 태어난 직후부터 수난의 길을 걷는다. 헤롯 대왕이 죽이려고 함으로 애굽으로 피난을 가게 된다(마 2:13-15). 이 사실 역시 선지자 호세아로 하신 말씀을 이루기 위한 것이었다(호 11:1, 마 2:15). 헤롯 대왕이 죽었다는 소식을 들은 요셉과 마리아는 다시 이스라엘 땅으로 돌아오나 헤롯 아켈라오(Herod Archelaus)가 헤롯 대왕에 이어 유대의 왕이 된 것을 알고 갈릴리 나사렛으로 가서 정착하게 된다. 예수님이 나사렛에 정착하게 된 것도 구약 예언의 성취이다(마 2:23). 그래서 예수님이 나사렛 예수로 불리게 된다.

예수님의 초기 생애에 대해서 신약은 자세한 설명을 하지 않는다. 단지 예수님이 12살 되던 해에 부모와 함께 예루살렘 성전을 방문한 사실을 기록하고 있을 뿐이다(눅 2:41-52). 그런데 누가는 예수님의 예루살렘 방문을 기록한 마지막 구절에서 "예수는 지혜와 키가 자라가며 하나님과 사람에게 더욱 사랑스러워 가시더라"(눅 2:52)라고 예수님에게 발전이 있었음을 증거 한다. 예수님은 내적으로 외적으로 발전하셨다. 그런데 예수님의 내적 발전은 쉽게 설명할 수 없다. 그 이유는 복음서가 예수님의 자서전이 아니요 예수님의 심적 상태를 다루고 있지 않기 때문이다. 그러나 분명한 것은 예수님이 완전한 신(神)이시면서도 완전한 인간(人間)이셨기 때문에 발전이 있었음에 틀림없다.[3] 그 발전은 유기적인 발전으로 진리에서 진리로, 완전에서 완전으로 발전하는 발전인 것이다. 예수님은 마리아의 뱃속에 잉태되어 있는 기간도 완전한 하나님이셨고 완전한 사람이었을 뿐만 아니라 그가 태어났을 때도, 그가 12살이 되었을 때도, 그가 30세였을 때도, 그리고 공생애 기간 중에도 완전한 신-인이었다.

예수님은 30세에 공생애를 시작하셨고(눅 3:23) 약 3년 동안 메시아로서 공생애의 길을 걸으시고 십자가에 달려 돌아가셨다. 예수님은

3_G. Vos, *Biblical Theology* (Grand Rapids: Eerdmans, 1968), p. 373: "Our position, therefore, is: subjective development is allowable, but not actually proven; objective development in the teaching is necessary, and capable of being pointed out."

십자가의 죽으심과 부활을 통해 우리의 죄 문제를 해결하시고 우리를 의롭게 하셨다(롬 4:25, 5:17, 8:1-2). 예수님이 죽으시고 부활한 때가 역사의 연대로는 AD 29년쯤으로 추정된다.

1) 사복음서에 계시된 구속계획

사복음서는 메시아로 죄 문제를 해결하기 위해 이 땅에 오신 하나님의 독생자 예수 그리스도의 생애의 면면들과 그가 행한 사역을 확증해 주거나 해석해 준다. 흥미 있는 사실은 예수님이 오신 목적을 이루시기 위해 공생애를 시작하면서 처음으로 선포하신 말씀이 "때가 찼고 하나님의 나라가 가까이 왔으니 회개하고 복음을 믿으라"(막 1:15, 마 4:17 참조)이다. 예수님이 성육신하셔서 성취하기를 원하신 것은 하나님 나라의 설립과 확장이라고 할 수 있다. 그래서 성경은 "예수께서 이르시되 내가 다른 동네들에서도 하나님의 나라 복음을 전하여야 하리니 나는 이 일을 위해 보내심을 받았노라"(눅 4:43)라고 확인하는 것이다. 마가 역시 "하나님의 아들 예수 그리스도의 복음의 시작이라"(막 1:1)라고 그의 복음서를 시작한다. 메시아로 오신 예수님은 죄 문제를 해결하시고 하나님의 나라를 회복시키기 원한 것이다.

예수님께서 "하나님 나라"(ἡ βασιλεία τοῦ θεοῦ) 혹은 "천국"(ἡ βασιλεία τοῦ οὐρανῶν)을 선포하신 것은 에덴동산의 하나님의 통치를 회복하시기 원한 것이다(창 1장–2장).[4] 에덴동산은 하나님의 통치가 실현되는 장소였다. 그런데 아담의 범죄로 인해 하나님 나라의 질서가 훼손되었는데 이제 메시아이신 예수님의 공생애 시작으로 하나님 나라의 질서가 회복되기 시작한 것을 선포하신 것이다. 복음서를 연구하는 학자들은 예수님께서 선포하신 하나님 나라의 실현을 천국의 현재면과 천국의 미래면이라는 용어를 사용하여 정리하곤 한다. 좀 더 전문적인 용어를 빌려 표현한다면 다드(Dodd)를 중심으로 주장해 온 "실현된 종말론"(Realized Eschatology)[5]과 슈바이처(Schweitzer)를 중심으로 개진된 "철저한 종말론"(Consistent Eschatology)[6]이라 불리는 이론들을 들 수 있다. 여기 두 그룹의 학자들이 주장하는 이론은 예수님의 천국 교훈을 밝히기는 하였지만, 문제는 그들의 입장이 편향된 방법으로 접근하여 공평성을 잃었다는 사실이다. 그리고 그들의 방법론은 하나님 나라 설립과 완성이 구체적인 구속역사의 흐름과 뗄 수 없는 관계임을 직시하지 못하고 추상적인 용어들을 동원하여 하나님 나라를 정의하였다는 점이다. 그러므로 우리는 복음서에 나타난 하나님 나라의 개념을 연구할 때 "예수님의 생애에 따른 천국의 실현"을 구속 역사의 근간으로 삼고 접근해야 한다. "예수님의 생애에 따른 천국의 실현"은 세 단

4_ "하나님 나라"나 "천국"은 같은 실재를 달리 표현한 것뿐이다. 그 이유는 복음서의 저자들이 수신자의 생각을 배려하여 복음을 더 잘 받아드리게 하기 위해서이다. 일반적으로 유대인들을 의식한 복음서인 마태복음은 "천국"을 더 자주 사용했고, 이방인들을 의식한 복음서인 마가복음과 누가복음은 개념이 더 분명한 "하나님 나라"를 사용했다.

5_ C. H. Dodd, *The Parables of the Kingdom* (New York: Charles Scribner's Sons, 1961).

6_ Albert Schweitzer, *The Quest of the Historical Jesus* (New York: MacMillan Company, 1968).

계로 나누어지는데 그것들은 첫째, 예수님의 초림으로 실현된 하나님 나라, 둘째, 예수님의 부활로 실현된 하나님 나라, 셋째, 예수님의 재림으로 완성된 하나님 나라이다. 하나님 나라에 대한 사복음서의 교훈은 이 세 단계의 하나님 나라에 대한 묘사를 우리에게 전하고 있다. 그러므로 우리는 예수님의 생애를 근간으로 삼고 복음서에 기록된 하나님 나라에 관한 교훈을 연구하여야 한다.

첫째 단계: 예수님의 초림으로 실현된 하나님 나라

예수님은 자신의 초림의 시간부터 몇 가지 방법을 통해 하나님의 나라가 실현되었음을 가르치신다.[7]

❶ 예수님은 먼저 예수님 자신의 임재가 하나님 나라의 실현임을 증거 한다.

바리새인들에 둘러싸여 계시면서 하나님의 나라가 어느 때에 임하느냐는 바리새인들의 질문에 예수님은 "하나님의 나라는 너희 안

7_예수님의 생애와 천국실현의 관계를 도표로 그리면 다음과 같다. 박형용 『신약성경신학』(수원: 합동신학대학원출판부, 2005), p. 228 참조.

예수님의 초림	예수님의 초림–부활		예수님의 부활–재림		예수님의 재림 이후	
	실현된 천국 (현재면) 실현과정에 있는 천국 (현재면과 미래면)		예수님의 부활	실현과정에 있는 천국 (현재면과 미래면)	예수님의 재림	완성된 천국
	예수님의 사역		교회(성도들)를 통한 사역			

에 있느니라"(눅 17:21)라고 대답하신다. 예수님은 전치사 "엔토스"를 사용하여 "너희 안에" 혹은 "너희 가운데"(ἐντὸς ὑμῶν) 하나님의 나라가 있다고 말씀하신다. 그러면 예수님은 하나님의 나라가 어디에 있다고 말씀하고 계신가? 예수님은 바리새인들의 마음속에 하나님의 나라가 있다고 말씀하실 수 없었다. 따라서 누가복음 17:21은 예수님이 계신 그곳에 하나님 나라가 이미 임해 있음을 증거 한다. 리델보스(Ridderbos)는 왕국의 주인이신 예수님이 계신 곳에 하나님의 나라가 임했음을 인정하면서[8] 누가복음 17:21의 말씀은 하나님 나라의 미래 실현을 가르친다고 해석한다.[9] 하지만 누가복음 17:21의 "하나님의 나라는 너희 안에 있느니라"의 말씀은 하나님의 나라가 그리스도 자신의 임재로 그들 가운데 이미 실재함을 가르친 것으로 해석해야 한다.[10] 하나님 나라의 왕이신 예수님이 계신 그곳에 바로 하나님의 나라가 현존하는 것이다.

❷ 예수님은 자신이 사단과 귀신을 쫓아냄으로 하나님 나라가 실현

8_H. N. Ridderbos, *Matthew's Witness to Jesus Christ* (Seoul: Korea Scripture Union, 1979), p. 31: "In the person of Jesus Christ the future has begun to be the present. For he is the King, and they are no longer alone. His person is over them and at their side."

9_H. N. Ridderbos, *The Coming of the Kingdom* (Philadelphia: The Presbyterian and Reformed Publishing Co., 1969), pp. 473-475. 리델보스는 하나님의 나라가 사람들 가운데 임재해 있어서 사람들이 붙들 수 있는 가까운 곳에 있으나 사람들이 그 나라를 붙들어야만 소유할 수 있다는 의미로 본 구절이 천국의 미래적 요소를 함축하고 있다고 해석한다.

10_Anthony A. Hoekema, *The Bible and the Future* (Grand Rapids: Eerdmans, 1979), p. 48.; John A. Bengel, *Bengel's New Testament Commentary* (Grand Rapids: Kregel Publications, 1981), p. 490.; William Hendriksen, *The Gospel of Luke* (NTC, Grand Rapids: Baker, 1978), p. 805.

된 것을 증거 한다.

예수님은 "내가 하나님의 성령을 힘입어 귀신을 쫓아내는 것이면 하나님의 나라가 이미 너희에게 임하였느니라"(마 12:28)라고 말씀하시고, 또한 비슷한 내용으로 "내가 만일 하나님의 손을 힘입어 귀신을 쫓아낸다면 하나님의 나라가 이미 너희에게 임하였느니라"(눅 11:20)라고 말씀하신다. 두 구절을 비교하면 마태복음은 "하나님의 성령을 힘입어"라고 표현하고, 누가복음은 "하나님의 손을 힘입어"라고 표현한다. 이 말씀은 "하나님의 손"이 "하나님의 성령"을 가리킴이 틀림없고, 누가가 "하나님의 손"을 사용한 것은 하나님의 직접적인 간섭을 강조하기 위한 것이라 사료된다.[11] 예수님께서 왕국의 능력인 성령으로 귀신을 쫓아냄으로 사단의 영역이 하나님의 영역으로 변화되는 것이다. 예수님은 사단의 통치를 물리치고 하나님의 통치를 이룩하신다.

❸ 예수님은 복음전파로 하나님의 나라가 실현된다고 가르치신다.
예수님은 제자들에게 "너희 눈은 봄으로 너희 귀는 들음으로 복이 있도다. 내가 진실로 너희에게 이르노니 많은 선지자와 의인이 너희가 보는 것들을 보고자 하여도 보지 못하였고 너희가 듣는 것들을 듣고자 하여도 듣지 못하였느니라"(마 13:16-17)라고 말씀하신다. 그런데 제자들이 들은 것은 선지자와 의인이 소원하고 대망했던 복음을

11_J. Jeremias, *New Testament Theology: The Proclamation of Jesus* (New York: Charles Scribner's Sons, 1971), p. 79.

듣는 것이었다. 예수님은 누가복음 4:16-21에서 자신이 직접 이사야 61:1-3의 예언을 성취하신 것으로 증거 한다. 예수님의 복음 선포에는 유일하고도 특별한 특징이 있다. 예수님의 복음 선포에는 능력과 권세가 동반한다.[12] 이 능력은 바로 "인자가 땅에서 죄를 사하는 권세가 있는 줄을 너희로 알게 하려 하노라"(막 2:10, 마 9:6)라는 말씀처럼 예수님의 선포의 능력은 바로 인자의 능력이다. 메시아가 장차 강한 자로 임하셔서 평화의 통치를 하실 것이라는 예언(사 40:9-10, 41:27, 52:7)이 바로 예수님을 통해서 성취된 것이다(눅 4:16-21 참조). 이는 예수님의 복음 선포로 하나님의 나라가 실현되었음을 증거 하는 것이다.

❹ 예수님은 이적을 행하심으로 하나님 나라가 실현되었음을 증거 한다.

죄로 인해 하나님의 완전한 창조와 그 질서가 파괴되었다. 예수님은 파괴된 창조의 질서를 이적을 통해 회복시키심으로 하나님 나라의 임함을 가르치신다. 예수님의 천국 복음 선포와 이적은 연계되어 나타난다(마 4:23, 9:35, 눅 9:11, 10:9). 예수님의 이적과 천국 사이에는 유기적인 관계가 있다. 이적은 단순히 표상적이고 교훈적인 성격만 가지고 있는 것이 아니요, 이적들은 영적이고 내적이며, 보이지 않는 왕국의 본질에 대한 진리를 가르쳐 주는 역할을 한다. 예수님의 이적 자체

12_ 예수님의 복음 선포에는 권세 (ἐξουσία)가 수반되었기 때문에 군중들이 예수님의 가르침에 놀라곤 했다(막 1:22, 마 7:28-29, 눅 4:32). Cf. Ridderbos, *The Coming of the Kingdom*, p. 75.

가 왕국의 현상이라 할 수 있다. "이적들은 구원의 실재를 가리키고 표상할 뿐 아니라 이적들 자체가 구원의 실재이기 때문이다. 하나님의 나라가 구원받은 상태라는 것을 인정할 때 이적들은 왕국의 실현을 위해 본질적인 것이다."[13]

둘째 단계: 예수님의 부활로 실현된 하나님 나라

천국 실현의 둘째 단계는 예수님이 부활하신 때로부터 예수님의 재림 때까지를 포함한다. 예수님은 승천 후에 자신이 성취한 구속의 복음을 땅끝까지 전파할 신약교회를 오순절을 기해 설립하신다. 마샬(Marshall)은 "교회는 왕국과 동일시되어서는 안 된다. 오히려 교회는 세상에 나타난 왕국 표명의 일부이다. 왜냐하면, 교회는 왕국의 메시지를 받아들이는 사람들의 모임이요, 예수를 주와 그리스도로 고백하는 사람들의 모임이며, 왕국의 복음을 계속적으로 선포하는 일에 예수님을 대신해 사신 역할을 하는 사람들의 모임이기 때문이다."[14]라고 왕국과 교회의 관계를 바르게 설명한다. 교회는 왕국의 확장을 위해 존재하는 종말론적인 공동체이다. 교회를 통해 하나님의 나라가 계속 확장될 것이다. 예수님의 부활과 재림 사이에 교회는 모든 족속에게 복음을 전함으로 천국을 확장하게 된다(눅 24:46-49, 마 28:18-20, 행 1:8).

13_박형용, 『신약성경신학』(수원: 합동신학대학원출판부, 2005), p. 251.
14_I. H. Marshall, "Kingdom of God, of Heaven," *The Zondervan Pictorial Encyclopedia of the Bible*, Vol. 3 (Grand Rapids: Zondervan, 1975), p. 808.

교회의 복음전파는 왕국 활동의 일환이다. 천국 확장에 관한 예수님의 교훈 중 교회의 책임을 명확히 하는 구절은 마태복음 16:18-19라고 할 수 있다. "너는 베드로라 내가 이 반석 위에 내 교회를 세우리니 음부의 권세가 이기지 못하리라. 내가 천국 열쇠를 네게 주리니 네가 땅에서 무엇이든지 매면 하늘에서도 매일 것이요 네가 땅에서 무엇이든지 풀면 하늘에서도 풀리리라"(마 16:18-19). 또한 복음서에 서술된 대부분의 비유는 예수님의 초림의 때로부터 재림의 때까지 교회의 복음 전파를 통해 하나님의 나라가 확장될 것임을 가르치고 있다(마 13:3-23, 막 4:26-29).

셋째 단계: 예수님의 재림으로 완성된 하나님 나라

천국 실현의 제3단계는 인자의 재림으로 시작된다. 예수님의 재림으로 하나님 나라가 완성되게 될 것이다. 예수님이 "너희에게 이르노니 동 서로부터 많은 사람이 이르러 아브라함과 이삭과 야곱과 함께 천국에 앉으려니와 그 나라의 본 자손들은 바깥 어두운 데 쫓겨나 거기서 울며 이를 갈게 되리라"(마 8:11-12)라고 말씀하신 내용이나 "인자가 자기 영광으로 모든 천사와 함께 올 때에 자기 영광의 보좌에 앉으리니 모든 민족을 그 앞에 모으고 각각 구분하기를 목자가 양과 염소를 구분하는 것 같이 하여 양은 그 오른편에 염소는 왼편에 두리라. 그때에 임금이 그 오른편에 있는 자들에게 이르시되 내 아버지께 복 받을 자들이여 나아와 창세로부터 너희를 위하여 예비된 나라를 상속

받으라."(마 25:31-34)의 말씀이 바로 예수님의 재림 이후의 하나님 나라의 모습을 설명하는 것이다. 예수님 재림 후에 완성될 왕국에서는 성도들이 그리스도와 함께 통치하게 될 것이다(마 8:11-12, 고전 15:23-28, 딤후 2:12). 렌스키(Lenski)는 "예수님 재림 후에 설립되는 왕국에서는 우리가 그리스도와 함께 통치하게 될 것이다. 우리는 왕이 되는 것이다. 그리스도는 왕들(우리들)의 왕이요 주들(우리들)의 주가 되시는 것이다"[15]라고 재림 후의 하나님의 나라의 모습을 설명한다.

2) 바울서신에 계시된 구속계획

바울 사도는 부활하신 예수님의 특별한 택함을 받은 그릇이다(행 9:15). 바울은 신약 성경 중 13개의 서신을 쓴 신약 계시의 전달자이다. 바울 사도가 신약의 거의 절반이 되는 책을 기록했지만 그렇다고 바울 사도가 신약 성경을 가장 많이 기록한 저자는 아니다. 누가가 비록 누가복음과 사도행전 두 권의 책만 기록했지만, 신약을 기록한 모든 저자 중 가장 많은 분량을 기록한 저자이다.[16] 그러나 바울은 하나님의 구속 계획을 가장 심오하게, 가장 폭넓게 우리에게 전해준 성경 저자이다. 서론 부분에서 이미 언급한 것처럼 언어로 기록된 성경 계시

15_R. C. H. Lenski, *The Interpretation of St. Matthew's Gospel* (Minneapolis: Augsburg Publishing House, 1964), p. 990.

16_바울 서신 13권을 장수로 계산하면 전체 87장이 되고, 누가복음과 사도행전은 52장이 되기 때문에 장수로는 바울이 누가보다 더 많은 성경의 장을 기록했다. 하지만 두 저자가 기록한 성경을 절수로 계산하면 바울은 1,697절을 기록했고, 누가는 2,158절을 기록했기 때문에 누가가 바울보다 461절을 더 많이 기록한 셈이다. 참고, 박형용, 『말씀산책』(수원: 합신대학원출판부, 2018), p. 543.

는 구속역사를 확증하는 방법으로나 해석하는 방법으로 우리에게 하나님의 뜻을 전한다. 바울 사도의 13개의 서신은 구속역사를 해석하는데 강조를 두고 있다.

바울은 예수 그리스도가 신구약 성경의 중심이요, 구속역사의 중심에 서서 구속을 성취하신 메시아이심을 확실히 한다. 바울은 예수님이 구속 성취를 하시기 위해 왜 인간의 몸을 입으셔야 하는지와 예수님이 인간의 몸을 입고 왜 33년 동안, 이 땅 위에서 사셔야 하는지와 왜 반드시 십자가의 죽음을 경험하시고 사흘 만에 부활하셔야 하고 또 왜 승천하셔야 하는지를 심오한 지혜로 해석하고 있다. 따라서 우리는 바울이 전한 계시를 통해 하나님의 구속계획에 대한 특별한 해안(慧眼)을 얻을 수 있다. 이제 우리는 예수님의 구속 역사 성취에 관한 바울의 계시 전달 특징의 몇 가지를 정리하고자 한다.

❶ 바울은 예수님이 구약에서 예언된 메시아이심을 확실히 한다.

바울 서신에 메시아(μεσσίας)라는 용어는 나타나지 않는다.[17] 하지만 예수님이 구약에서 예언된 메시아라는 사상은 바울서신에 분명하게 나타난다. 바울은 골로새서 1:15–18 사이에서 특별한 용어를 두 번 사용한다. 그 용어는 프로토토코스(πρωτότοκος)인데 "먼저 나신 이"라는 뜻이다. 바울은 예수님이 "보이지 아니하는 하나님의 형상이시요

17_J. B. Smith, *Greek-English Concordance to the New Testament* (Scottdale: Herald Press, 1974), p. 227 (section 3223).

모든 피조물보다 먼저 나신 이"(골 1:15)라고 말함으로 창조 때에 예수님이 계셨음을 확실히 한다. 그리고 바울은 예수님이 피조물 중의 하나가 아님을 "만물이 그에게서 창조되되"(골 1:16)라는 말로 분명히 한다. "모든 피조물보다 먼저 나신 이"라는 뜻은 시간적으로 선재하셨다는 의미도 있지만, 특별히 그리스도가 모든 피조물의 주로서 마땅히 받아야 할 탁월성을 뜻하는 것이다.[18]

그런데 바울 사도는 창조 때에 계셨던 그리스도가 "죽은 자들 가운데서 먼저 나신 이"(골 1:18)라고 예수님의 부활 때의 역할을 설명하고 있다. 예수님의 부활은 "잠자는 자들의 첫 열매"(고전 15:20)로 부활하셔서 죽은 자들의 구속주의 역할을 하신 것이다. 바울은 예수님의 창조주의 역할과 구속주의 역할을 연계함으로 그의 백성을 구원하는 위대한 일반 부활의 첫 열매가 되심을 확실히 하고 있다.[19] 바울은 주 예수 그리스도가 "하나님이 선지자들을 통하여 그의 아들에 관하여 성경에 미리 약속하신"(롬 1:2) 이로서 "그의 아들에 관하여 말하면 육신으로는 다윗의 혈통에서 나셨고 성결의 영으로는 죽은 자들 가운데서 부활하사 능력으로 하나님의 아들로 선포되"(롬 1:3-4)신 이라고 구약의 예언이 그리스도의 성육신과 부활을 통하여 성취되었음을 확실하

18_W. Michaelis, "πρωτότοκος," *Theological Dictionary of the New Testament*, Vol. VI (Grand Rapids: Eerdmans, 1971), pp. 877-880.

19_K. H. Bartels, "πρωτότοκος"(firstborn), *The New International Dictionary of New Testament Theology*, Vol 1, ed. Colin Brown (Grand Rapids: Zondervan, 1975), p. 669.: "Creator and Redeemer are one and the same, the all-powerful God in Jesus Christ 'the first and the last,' 'the beginning and the end,' who binds his own to himself from all eternity, and is their surety for salvation, if they abide in him."

게 설명한다. 이처럼 바울은 예수님이 구약에서 예언된 구세주이심을
확실하게 선포한다.

❷ 바울은 성도들의 구원을 성도들이 예수님과 연합된 개념으로 정
리한다.

바울은 그의 서신에서 성도들의 구원과 관련하여 그리스도와 성도
들이 연합되었음을 풍부한 자료로 증거하고 있다. 그리스도와 성도들
의 연합은 그리스도의 생애의 어떤 한 사건과만 연합된 것이 아니요
그리스도의 전 생애와 성도들이 연합된 것임을 가르친다. 그리스도
와 성도들은 "함께 살고"(롬 6:8), "함께 고난 받고"(롬 8:17), "함께 십자
가에 못 박히고"(롬 6:6), "함께 죽고"(롬 6:8, 고후 7:3), "함께 장사지내고"
(롬 6:4), "함께 부활하고"(골 2:12, 3:1), "함께 살림을 받고"(골 2:13, 엡 2:5),
"함께 영광에 이르고"(롬 8:17), "함께 후계자가 되고"(롬 8:17), 그리고
"함께 통치한다"(딤후 2:12, 롬 5:17)라고 묘사된다. 이는 그리스도의 삶
전체와 성도들의 삶 전체가 연합된 것임을 뜻한다.

특별히 바울은 예수님의 부활과 성도들의 부활의 연합을 하나의 연
합된 사건으로 생각하기 때문에 그의 논리를 역설적인 논리로 전개
한다. 성도들의 부활을 증명하기 위한 우리의 논리의 방향은 "그리스
도의 부활"에서 "성도들의 부활"로 움직인다. 그리스도가 부활했으니
우리들도 부활할 것이라는 논리이다. 물론 그 논리나 내용에 잘못이
있을 수 없다. 그러나 우리는 우리의 논리의 방향과 전혀 다른 바울의

논리의 방향을 본다. 바울은 "만일 죽은 자의 부활이 없으면 그리스도도 다시 살아나지 못하셨으리라"(고전 15:13, 15:16 참조)라고 말한다. 바울의 논리는 마치 그리스도의 부활이 죽은 자의 부활에 의존된 것과 같다. 이는 그리스도의 부활과 죽은 자의 부활의 연합개념을 강조하기 위한 것이지, 그리스도의 부활이 죽은 자의 부활에 의존되어 그렇게 말한 것은 아니다.

바울의 이런 역설적인 논리는 그리스도의 부활과 성도들의 부활을 분리된 사건으로 보지 않고, 그리스도의 부활과 성도들의 부활을 연합된 하나의 사건으로 보기 때문에 가능하다. 바울은 그리스도의 부활과 성도들의 부활이 분리된 사건이라면, 그리스도의 부활이 성도들에게 아무런 의미가 없다고 주장한다.[20] 바울은 그리스도의 부활이 의의가 있는 이유는 그리스도의 부활이 성도들의 부활의 첫 열매로서 부활했기 때문이라고 주장한다(고전 15:20). 그리스도의 부활과 성도들의 부활은 하나의 연합된 사건이요 그리스도의 부활은 부활 사건의 맨 처음에 발생한 첫 열매 역할을 하는 것이다. 성도들의 부활은 예수님의 재림 때에 있을 일반부활 때에 발생할 것이다(고전 15:23-24). 바울이 이렇게 그리스도의 부활과 성도들의 부활의 연합을 강조하는 것은 성도들의 부활의 확실성을 전하기 위한 의도가 있는 것이다.

20_D.M. Stanley, *Christ's Resurrection in Pauline Soteriology* (Rome: E. Pontificio Instituto Biblico, 1961), p.121: "It is the resurrection, on Paul's view, which thus specifies the whole object of Christian faith. Should it be proven false, then Christ's passion and death would not be salvific but meaningless."

❸ 바울은 예수님이 그의 부활에서 항상 수동적인 역할을 한 것으로 묘사한다.

바울은 예수님이 그의 부활에서 철저하게 수동적 역할을 한 것으로 묘사한다. 바울 사도는 부활에 있어서 예수 그리스도와 성도들이 연합된 것을 강조하기 위하여 예수님이 자신의 부활에서 수동적인 역할을 한 것으로 묘사한다. 바울 사도는 예수님의 부활 사건을 묘사하는 가운데 예수님의 신성을 강조하기보다는 성육신하여 우리와 동일시되신 사실을 강조하기 위하여 예수님이 자신의 부활에서 수동적인 역할을 한 것으로 묘사하는 것이다.

바울 사도가 부활을 묘사할 때 "에게이로"(ἐγείρω)와 "아니스테미"(ἀνίστημι)라는 두 동사를 사용하는데, 두 동사가 능동형으로 등장할 때는 하나님을 동작의 주인으로, 예수님을 동작의 대상으로 묘사한다(롬 10:9, 고전 15:15).[21] 그리고 두 동사가 수동형으로 사용될 때는 예수님이 문장의 주어로 등장하지만 역시 동작의 대상이 된다(롬 4:25, 고전 15:20 참조; 고후 5:15, 딤후 2:8). 부활을 묘사하는 같은 동사가 분사형으로 사용될 때도 같은 현상이 나타난다(갈 1:1, 롬 4:24, 골 2:12, 살전 1:9-10).[22]

21_C. F. Evans, *Resurrection and the New Testament* (Studies in Biblical Theology, 2nd Series, 12) (London: SCM Press Ltd., 1970), p. 21.: "The subject of ἐγείρειν is always God, or else the verb is used in the passive, which then always has the sense 'raised by God.' This establishes the resurrection as the act of God towards Jesus, and hence the theocentric character of the whole gospel. God can be characterized as 'he who raised Jesus (our Lord)' (Rom. 4:24; 8:11; II Cor. 4:14; Gal. 1:1; Col. 2:12; I Peter 1:21)."

22_부활에서 그리스도의 수동적인 역할에 대한 바울의 자세한 내용은 필자의 『바울신학』 (수원: 합신대학원출판부, 2016), pp. 113-128쪽 "부활에서 그리스도와 성령의 역할"을 참조하기 바란다.

그런데 바울 사도가 예수님이 그의 부활에서 능동적인 역할을 한 것처럼 묘사하는 유일한 구절이 바울서신 전체 중에서 한 구절이 있다. 데살로니가전서 4:14은 "우리가 예수께서 죽으셨다가 다시 살아나심을 믿을진대"[23]라고 읽는데 이는 예수님이 분명히 스스로 살아나셨다는 의미를 가지고 있다. 그러나 우리는 이 문장이 인용문임을 주목해야 한다. 바울 사도가 우리가 믿는 내용을 설명하면서 예수님이 살아나신 것으로 능동형을 인용한 형태이기 때문에 바울의 부활에 관한 사상을 점검하는데 하등의 문제가 되지 않는다.

바울 사도가 예수님의 역할을 수동적으로 묘사한 의도는 무엇인가? 바울이 무슨 의도로 예수님의 수동적인 역할을 그렇게 강조하고 있는가? 이 질문의 답은 바울 신학의 특징의 일면을 보여주는 것이다. 바울은 부활에 있어서 예수님의 수동적인 역할을 강조함으로 예수님의 부활과 신자들의 부활의 밀접성을 제시하고 있다. 사실상, 이 연합 개념이 바울 사상의 기초가 된다. 바울은 연합개념을 통해 예수님이 "죽은 자들 가운데서 먼저 나신 이"(골 1:18)가 되며 "많은 형제 중에서 맏아들이 되심"(롬 8:29)을 강조하여 성도들과 동일시되심을 증명하는 것이다.[24] 부활에 있어서 예수님과 신자들의 수동적 역할을 강조한 사실로 보아 바울은 예수님의 부활과 그의 백성들의 부활 사이의

23_살전 4:14은 "εἰ γὰρ πιστεύομεν ὅτι Ἰησοῦς ἀπέθανεν καὶ ἀνέστη"로 읽는다.

24_예수님이 요한의 세례에 복종하심으로 자신이 메시아로서 부르심을 받았다는 사실을 공표할 뿐만 아니라 예수님 자신이 그의 백성과 동일시되신 것이다(눅 3:21f. 참조). 이 사상은 예수님이 그의 부활에서 수동적인 역할을 한 것으로 묘사하는 바울 사도의 사상과 상통하는 면이 있다.

차이점에 관심을 두지 않고 오히려 그 두 사이의 공통점에 관심을 쏟았다고 생각할 수 있다. 다른 말로 표현하면 바울은 부활에서 예수님의 신성과 권능을 전시하려고 했다기보다는 오히려 죽기까지 복종하신 수난을 통해 성육하신 하나님의 아들 그리스도가 확증되시고 변형되신 사실을 나타내기를 원한 것이다(참조; 롬 1:4, 고전 15:45). 예수님의 죽음이 성도들의 죄 문제를 해결하신 대속적이고 대표적인 성격이 있는 것처럼 예수님의 부활도 죽은 자 가운데서 먼저 나신 이로서 대속적이고 대표적인 성격이 있는 것이다(롬 4:25).

❹ 바울은 예수님이 인간의 몸을 입고 성육신하신 것은 성도들에게 부활체를 입도록 계획하셨기 때문이라고 기록한다.

예수님이 왜 인간의 몸을 입고 성육신하셔야 했는가? 그 이유는 죄 지은 인간이 같은 몸을 소유하고 있었기 때문이다. 왜 예수님이 인간의 몸을 입고 십자가상에서 죽으셔야 했는가? 그 이유는 인간이 몸을 가지고 죄를 지었기 때문에 예수님이 죽음으로 인간의 죄 문제를 해결해야 하기 때문이다. 왜 예수님이 부활체를 입고 부활하셔야 했는가? 그 이유는 예수님과 연합된 성도들에게 예수님의 부활체와 같은 부활체를 마련하시기 위해서이다. 예수님의 성육신하신 몸체와 부활하신 부활체와의 관계는 어떤 관계인가? 예수님이 부활 이전에 인간의 몸체를 가지지 않았더라면 예수님은 부활체를 입지 못했을 것이다. 그래서 바울은 "육의 몸으로 심고 신령한 몸으로 다시 살아나나니 육의 몸이 있은즉 또 영의 몸도 있느니라"(고전 15:44)라고 말한다. 신령한 몸은 육의 몸을 근거로 존재할 수 있다. 예수님이 부활체를 입으실수 있었던 것은 그가 육의 몸을 입고 사셨기 때문이다.[25] 본문의 "육의 몸이 있은즉 또 영의 몸도 있느니라"의 번역은 "만약 육의 몸이 있다면 영의 몸도 있느니라"로 번역하는 것이 더 확실하고 이는 영의 몸은 육의 몸을 근거로 존재한다는 것을 증거 하는 것이다.[26] 이는 하나님이 육의 몸을 입고 살고 있는 성도들을 장차 부활체를 입도록 계획하신 것이다. 그러므로 천사들은 결코 부활체를 입을 수 없다. 왜냐하면 천사들은 육의 몸을 입고 살아보지 않았기 때문이다. 결국 하나님의 구속계획 전모는 그리스도의 사역을 통해 성도들이 죄 없는 몸으로 영원히 하나님을 공경하고 순종하면서 살도록 하시기 위해 성도들에게 부활체를 준비하신 것이다.

3) 사도행전에 계시된 구속계획

누가복음과 사도행전은 한 단위로 생각해야 한다. 마치 한 책의 전편과 후편으로 생각하면서 연구하지 않으면 안 된다. 이 사실은 누가의 저작 목적에서도 명백히 드러난다. 누가복음 서두에서 누가는 "우

25_R. Scroggs, *The Last Adam* (*A Study in Pauline Anthropology*, Philadelphia: Fortress Press, 1966), p. 87.

26_본문은 헬라어 εἰ가 이끄는 문장으로 있는 것을 전제로 하는 논증임에 틀림이 없다. Cf. G. Vos, "The Eschatological Aspect of the Pauline Conception of the Spirit," *Biblical Theological Studies* (by the Members of the Faculty of Princeton Theological Seminary) (New York: Scribner's Sons, 1912), p. 232, n. 28.

리 중에 이루어진 사실에 대하여"(눅 1:1) 근원부터 자세하게 데오빌로 (Theophilus) 각하에게 차례대로 써 보내기를 원했다(눅 1:3). 그런데 사도행전 서두에 보면 누가복음의 내용은 "예수께서 행하시며 가르치시기를 시작하심부터 그가 택하신 사도들에게 성령으로 명하시고 승천하신 날까지의 일을 기록"(행 1:1-2)한 것이다. 이 내용으로 볼 때 누가의 의도는 누가복음에서 예수님의 공생애 기간의 사건들을 기록하고 사도행전에서는 예수님의 승천 이후 승천하신 예수님께서 그의 교회를 통해 계속 사역하고 있음을 데오빌로에게 알리기를 원한 것이다. 이렇게 누가복음과 사도행전을 한 단위로 생각할 때 사도행전 2장에 나타난 오순절 사건은 누가복음과 사도행전으로 구성된 한 단위의 중심적인 위치를 차지하게 되는 것이다. 오순절 사건은 누가복음과 사도행전을 잇는 전환점이라고 할 수 있다. 사실상 오순절 사건을 바른 전망으로 관찰하지 않으면 누가복음도 사도행전도 바로 이해할 수 없는 것이다.

예수님은 공생애 기간 동안 하나님 나라에 관해서 가르치셨다. 예수님의 첫 선포가 천국에 관한 것이었고(마 4:17, 막 1:15), 예수님께서 친히 하나님 나라의 복음을 전하기 위해 보냄을 받았다고 말씀하셨다(눅 4:43)는 사실은 이미 다루었다. 복음서는 예수님의 인격의 임재로, 그의 말씀 선포로, 그가 이적을 행하심으로 천국이 실현되었음을 증거하고 있다(막 1:15, 눅 4:16-21, 마 11:2-13, 12:28, 13:16-17 참조). 이처럼 "내가 너희와 함께 있을 때"(눅 24:44)의 예수님의 교훈 내용을 요약하면 하나님의 나라에 관한 것이다. 그런데 누가는 예수님께서 그의 부활과 승천 사이의 기간 중에도 하나님 나라에 대해 가르치셨다고 기록하고 있다. 부활하신 그리스도가 "사십 일 동안 그들에게 보이시며 하나님 나라의 일을 말씀"(행 1:3)하신 것이다. 이렇게 예수님은 부활 전이나 부활 후나 하나님 나라의 일에 대해 깊은 관심을 가지신 것이다. 그런데 제자들이 부활하신 주님께 "주께서 이스라엘 나라를 회복하심이 이 때니이까"(행 1:6)[27]라고 나라를 회복할 때가 언제냐고 때를 물을 때 예수님은 때와 기한은 아버지께서 자기의 권한에 두셨다고 말하고, 제자들이 먼저 해야 할 일은 권능을 받고 예루살렘과 온 유대와 사마리아와 땅 끝까지 이르러 그리스도의 증인이 되는 것이라고 말씀하셨다(행 1:8). 예수님의 이 대답은 전 세계적으로 복음을 전파하는 일이 왕국의 일이며 또한 복음 전파의 시대가 왕국시대임을 함축하고 있다. 예수님의 대답은 사도들이 미래의 발전에 관심을 두기보다는 왕국의 사역인 복음 전파에 관심을 두어야 한다는 것이다.

사도행전은 예수님이 성취하신 구속과 하나님 나라를 교회가 모든 민족에게 전파해야 할 책임이 있음을 증거 한다. 그래서 사도행전은 교회가 복음을 전파할 때 예수 그리스도에 관한 교훈과 하나님 나라를 전파했다고 반복해서 기록하고 있다(행 8:12, 19:8, 20:25, 28:23, 28:30-31).

27_ 헬라어 원문은 "Κύριε, εἰ ἐν τῷ χρόνῳ τούτῳ ἀποκαθιστάνεις τὴν βασιλείαν τῷ Ἰσραήλ;" 원문을 직역하면, "주여, 나라를 이스라엘에 회복할 때가 이 때입니까?"라고 할 수 있다. 이 말씀은 제자들이 아직도 하나님 나라를 이스라엘 중심적으로 생각하고 있음을 증언하고 있다.

4. 신약교회의 설립과 그 목적

신약 교회의 설립은 오순절로 거슬러 올라간다. 오순절에 베드로의 설교를 듣고 회개한 성도들의 수가 삼천이 되었다(행 2:41). 이 성도들의 모임이 신약 교회의 시작이다. 구속역사의 완성을 위한 계획은 승천하신 예수님이 신약교회를 통해 하나님의 나라를 확장하실 것이라는 사실이다.

그런데 예수님은 오순절에 설립될 신약 교회를 내다보시면서 그의 공생애를 시작하셨다. 우리가 주목해야 할 점은 예수님께서 제자들을 모으실 때 가지고 계셨던 그의 의도이다. 예수님께서 제자들을 모으실 때 어떤 의도를 가지고 계셨는가. 요한복음 1:40-42에 보면 안드레(Andrew)의 소개로 베드로가 예수님을 처음으로 만난다. 그때에 예수님은 처음 보는 베드로(Peter)를 향해 "네가 요한의 아들 시몬이니 장차 게바라 하리라"(요 1:42)라고 말씀하셨다. 이때는 예수님의 공생애 초기이다. 공생애 초기에 예수님은 요한의 아들 시몬이 앞으로 게바 즉 반석이 될 것이라고 말씀하신 것이다. 왜 예수님은 그 당시 바로 시몬을 향해 "너는 반석이다"라고 말씀하실 수 없었는가? 그 이유는 시몬이 반석 되는 것이 신약 교회의 설립과 관련되어 있으며, 신약 교회는 예수님을 주님으로 또 하나님의 아들로 고백하는 사람들로 구성되어야 하기 때문이다(롬 10:9-10, 고전 12:3). 베드로가 예수님을 처음 만났을 때에는 예수님을 하나님의 아들로 고백할 수 없는 상태에 있었다. 그래서 예수님은 시몬을 향해 "장차 게바라 하리라"라고 미래를 내다보면서 말씀하신 것이다.

그런데 공생애 후반부에 예수님은 제자들과 함께 가이사랴 빌립보 지방에 전도 여행을 가신다. 가이사랴 빌립보는 팔레스틴의 가장 북쪽 끝에 위치한 도시이다. 이 도시는 분봉왕 빌립이 자신의 영광을 드러내기 위해 자신의 이름에서 빌립보라는 이름을 사용했고(눅 3:1), 이 도시를 잘 개발하고 건설하기 위해 로마 황제를 가리키는 "가이사"를 부쳐 가이사랴 빌립보가 된 것이다.[28] 그렇지 않으면 빌립이 이 도시를 확대하고 아름답게 하도록 허락받지 못했을 가능성이 있었던 것이다.

가이사랴 빌립보에서 예수님은 제자들에게 두 가지 질문을 하신다. 첫 번째 질문은 "사람들이 인자를 누구라 하느냐"(마 16:13)이며, 두 번째 질문은 "너희는 나를 누구라 하느냐"(마 16:15)이다. 예수님은 정보를 얻기 위해 이 질문을 한 것이 아니다. 그는 이미 알고 계셨다. 그러나 예수님께서는 제자들이 그 당시 신학적 사고와 추세를 알고 있는지 알아보기 위해 그들의 심중을 떠보신 것이다.[29]

첫 번째 질문에 대한 제자들의 답은 예수님에게 만족스러운 것이 아니었다. 그런데 두 번째 질문에 대해 베드로가 사도들을 대표해서 "주는 그리스도시요 살아 계신 하나님의 아들이시니이다"(마 16:16)라

28_Lenski, *The Interpretation of St. Matthew's Gospel*, p. 618.

29_*Ibid.*, pp. 618–619: "Jesus is not asking for information for his own sake, for he knows the different opinions of men. What he desires is to have the disciples state the wrong opinions of men in order to set over against them their own right conviction."

는 유명한 신앙 고백을 한다.[30] 이 신앙 고백을 들으신 예수님은 대단히 만족하셨다. 그래서 예수님은 "바요나 시몬아 네가 복이 있도다. 이를 네게 알게 한 이는 혈육이 아니요 하늘에 계신 내 아버지시니라"(마 16:17)라고 베드로를 칭찬하신 후, 예수님은 "너는 베드로라 내가 이 반석 위에 내 교회를 세우리니 음부의 권세가 이기지 못하리라"(마 16:18)라고 말씀하신다.

여기서 우리는 공생애 초기에 예수님께서 베드로에게 하신 말씀과 베드로의 신앙 고백 후에 예수님께서 베드로에게 하신 말씀의 차이를 본다. "장차 게바라 하리라"(요 1:42)에서 "너는 베드로라"(마 16:18)로 변했다. 즉, "너는 장차 반석이 될 것이다"에서 "너는 지금 반석이다"로 변한 것이다. 그러면 왜 이런 변화가 발생했는가? 이는 예수님의 구속 사역의 진행과 관련되어 나타나는 변화이다. 베드로가 예수님을 주님과 하나님의 아들이라고 고백할 수 없을 때에는 예수님이 "너는 반석이다"라고 말할 수 없었지만, 예수님을 주님과 하나님의 아들로 고백할 때 "너는 반석이다"라고 말할 수 있게 된 것이다.

그런데 우리는 교회 설립 시기에 대한 예수님의 말씀에 주목해야 한다. 예수님은 베드로에게 "너는 반석이다"라고 말씀하셨지만 "이 반석 위에 내 교회를 지금 세운다"라고 말씀하시지 않고 "이 반석 위

30_로마 황제는 자신을 숭배 받을 자로 생각하여 자신에게 "아구스도"(Augustus; worthy of reverence)라는 명칭을 붙였다(눅 2:1). 로마 황제가 주님(Lord)이라는 뜻이 함축된 가이사랴 빌립보에서 베드로가 예수님을 가리켜 "Σὺ εἶ ὁ Χριστὸς ὁ υἱὸς τοῦ θεοῦ τοῦ ζῶντος."라고 고백한 것은 의미심장한 것이다.

에 내 교회를 앞으로 세울 것이다"라고 미래 시상으로 말씀하신 것이다. 왜 예수님은 지금 당장 내 교회를 세운다고 말씀하지 않으셨을까? 그 이유는 죄 문제를 해결하고 구속을 완성하게 될 예수님의 죽음과 부활의 사건이 그 당시로 보아서는 아직 미래로 남아 있었기 때문이다. 예수님은 구속 성취의 사건이 발생하기도 전에 그 구속의 복음을 책임지고 전파할 교회를 설립할 수 없었기 때문이다. 예수님의 죽음과 부활 이전에 신약 교회를 설립하면 신약 교회는 전파할 구체적인 메시지 없이 설립되게 된다. 이 사실은 예수님께서 오순절을 교회설립 시기로 생각하고 계셨음을 암시해 주고 있다.

그러면 예수님이 언급한 교회의 터는 무엇을 가리키는가? 이 해석에 있어서 견해가 나누인다.

첫째 견해는 예수님께서 "너는 베드로라"(πέτρος, 남성), "이 반석 위에"(ἐπὶ ταύτῃ τῇ πέτρᾳ, 여성), "내 교회를 세우리라"고 말씀하실 때 베드로는 남성형으로, 반석은 여성형으로 사용했기 때문에 예수님은 교회의 기초로 사도 베드로(πέτρος)를 생각한 것이 아니요, 베드로가 고백한 "주는 그리스도시요 살아계신 하나님의 아들이시니이다"(마 16:16)라는 신앙고백을 교회의 기초로 생각한 것으로 보는 견해이다. 이 견해는 그리스도께서 분명히 시몬을 가리키는 이름으로 베드로를 먼저 사용하시고, 고백을 가리키는 여성명사 "반석"이란 단어를 의도적으로 구별하여 사용하였다고 주장한다.[31] 그래서 이 견해는 그리스도께서 그의 교회를 베드로 한 사람 위에 세운 것이 아니요, 베드로가 고백한 그 고백 위에 세웠다고 주장하는 것이다. 예수님께서 교회의 터로 생각한 것은 베드로가 고백한 "신앙고백"이라는 것이다. 본문을 이렇게 해석한다고 해서 크게 잘못된 것은 없다. 그러나 이 해석은 베드로가 초대 교황이라는 가톨릭의 견해를 너무 의식하고 본문을 해석한 듯하다.

둘째 견해는 예수님께서 "너는 베드로라"(πέτρος), "이 반석 위에 내 교회를 세우리라"라고 말씀하셨을 때 "반석"이 "베드로"를 가리키는 것으로 생각하는 견해이다. 예수님께서 "너는 반석(베드로)이라", "내가 이 반석 위에 내 교회를 세우리라"라고 말했을 때, 뒤에 나온 반석이 앞에 언급된 반석(베드로)을 가리키지 않는다는 것은 자연스럽지 않다. 그러면 베드로(반석)가 교회의 터가 된다는 말은 무슨 뜻인가? 베드로 사도는 열한 사도를 대표해서 "주는 그리스도시요 살아계신 하나님의 아들이시니이다"(마 16:16)라고 고백했다. 성경은 "너희는 사도들과 선지자들의 터 위에 세우심을 입은 자라 그리스도 예수께서 친히 모퉁잇돌이 되셨느니라"(엡 2:20)라고 사도들이 교회의 터라고 증거한다. 그리스도는 교회의 일차적인 터가 되신다(고전 3:10-11). 그러나 사도들은 교회의 이차적인 터가 되는 것이다. 그 이유는 사도들의

31_Lenski, *The Interpretation of St. Matthew's Gospel*, pp. 625-627.

증언을 통해 그리스도의 말씀과 사역이 선포되고 그 선포를 들은 사람들이 "주는 그리스도시요 살아계신 하나님의 아들이시니이다"라고 고백함으로 신약의 교회가 설립되었기 때문이다. 다시 설명하면 신약교회의 터는 예수님을 주님과 그리스도로 신앙을 고백한 사도 베드로와 열 한 사도가 교회의 이차적 터가 된다는 뜻이다.[32] 이 견해는 사도들과 그들이 고백한 신앙고백을 분리해서 생각할 수 없다는 입장이다.

첫 번째 해석보다는 두 번째 해석이 더 타당한 해석이라고 생각된다. 두 번째 해석은 신약교회 설립에 있어서 사도들의 중요성이 강조될 뿐만 아니라 "주는 그리스도시요 살아계신 하나님의 아들이시니이다"라고 믿는 신앙 고백의 중요성도 강조된다.[33] 오순절에 신약교회가 설립되기 전 완전수인 12를 채우기 위해 가룟 유다 대신 맛디아를 택한 것도 교회의 터로서의 사도들의 중요성을 증거 하는 것이다.

5. 예수님의 기도의 거울에 비쳐 본 한국교회

32_H.N. Ridderbos, *Matthew* (Grand Rapids: Zondervan, 1987), pp. 302–304; Hendriksen, *The Gospel of Matthew* (Grand Rapids: Baker, 1973), pp. 646–648; John A. Bengel, *Bengel's New Testament Commentary*, Vol.1 (Grand Rapids: Kregel Publications, 1981), p. 211.

33_Michael Green, *Matthew for Today* (London: Hodder and Stoughton, 1988), p. 159: "But it is not just Peter. Peter *in his confessional capacity*, Peter full of trust in the Son of God, is the one who will become the rock man for the early Church. He did become just that, as the early chapters of Acts reveal. It is Peter who preaches the first evangelistic sermon, but Peter as representative of the twelve"(Italics are original).

요한복음 17장은 예수님이 잡히시기 전 교회를 위해 기도하신 내용이다. 요한복음 17장의 예수님의 기도를 차이트레우스(David Chytraeus)는 "예수님의 대제사장적 기도"(Jesus's High Priestly Prayer)라고 칭하고, 웨스트코트(B. F. Westcott)는 "예수님의 성별기도"(Jesus' Prayer of Consecration)라고 칭하며, 리델보스(H. Ridderbos)와 칼슨(D. A. Carson)은 "예수님의 고별기도"(The Farewell Prayer of Jesus)라고 칭한다. 요한복음 17장의 명칭을 "예수님의 대제사장적 기도"로 부르든지, "예수님의 성별기도"로 부르든지, 또는 "예수님의 고별기도"로 부르든지 그것은 큰 문제가 되지 않는다. 여기서는 편의상 요한복음 17장의 기도를 "예수님의 대제사장적 기도"라고 생각하고 내용을 고찰하기로 한다. 중요한 것은 예수님이 요한복음 17장에서 자신의 영화를 위해 기도하셨고(요 17:1-5), 그에게 속한 교회(자신의 백성)의 보전을 위해 기도하셨으며(요 17:6-12), 그리고 그의 백성들이 이 세상에서 어떤 모습으로 살아야 할 것을 기도하셨다(요 17:13-26).

여기서 우리는 예수님의 대제사장적 기도 가운데 나타난 6가지의 교회의 특징들과(요 17:11-26) 오순절 성령강림 사건 때에 최초로 설립된 신약 교회의 특징들을(행 2:42-47) 비교 대조함으로 초대 신약교회가 예수님의 기도의 내용을 실천하면서 살았는지를 확인하고, 현재 한국교회의 모습은 어떤 상태인지를 성찰하고 점검하는 기회를 갖고자 한다.

1) 첫째, 기쁨 (요 17:13)

예수님은 "내 기쁨을 그들 안에 충만히 가지게 하려 함이니이다" (요 17:13)라고 기도하신다. 예수님은 세상을 떠나 아버지께 가면서 제자들이 그리스도께서 이 세상에서 살면서 기쁨으로 모든 시련과 두려움을 극복한 것과 같이 제자들도 그런 기쁨을 소유할 수 있도록 기도하신다.[34] 왜 기쁨이 교회의 특징으로 맨 처음 열거되었겠는가? 이 질문에 답하는 것이 그렇게 어려운 것은 아니다. 물론 기쁨이 가장 위대한 특징은 아니다. 오히려 사랑이 가장 위대한 특징일 것이다. 그러나 기쁨이 첫 번째로 열거된 것은 사람들이 그리스도 안에서 신앙을 갖게 되면 처음으로 그 생활에 나타나는 것이 기쁨이기 때문이다. 사람들은 복음 안에서 믿음으로 얻은 온전한 구원을 확신하면서 하나님의 은혜를 생각할 때 기쁨이 넘치게 된다.[35]

초대교회 성도들은 구원받은 감격에서 나오는 기쁨을 체험했다. 예수님께서 요한복음 17:13에서 사용한 기쁨이란 용어는 보통명사인 '카란'(χαράν)인데 비해, 초대교회 성도들이 경험한 기쁨은 '희열'로 번

34_Marcus Dods, "The Gospel of St. John," *The Expositor's Greek Testament*, Vol. 1 (Grand Rapids: Eerdmans, 1980), p. 843.

35_Herman Ridderbos, *The Gospel of John* (Grand Rapids: Eerdmans, 1997), p. 554.: "Again we encounter the typically Johannine expression 'fullness of joy,' which Jesus applies to himself and to his disciples as a term for complete salvation (see the comments on 3:29; 15:11; 16:24) and uses here of the joy that they who remain in the world may share with him in his departure: 'my joy in them.'"

역할 수 있는 '아갈리아세이'(ἀγαλλιάσει)이다(행 2:46).[36] 성경에서 기쁨이
라는 용어가 사용된 맥락을 연구하면 신학적으로 잘 다듬어 놓은 진
술이 아니고 생활의 모습을 자연스럽게 묘사해 놓은 것이다. 오순절
에 설립된 최초의 신약교회인 예루살렘 교회가 기쁨을 누리고 살았다
는 것은 의미심장한 일이다. 예수님께서 신약교회의 특징으로 충만한
기쁨을 예고하셨는데 그 예고대로 오순절에 설립된 신약교회에 같은
특징이 나타난 것이다.

그러면 한국교회는 어떤가? 예수님의 기도처럼 구원의 기쁨을 충
만히 누리고 있는가? 한국교회는 세상의 잡다한 문제에 매몰되어 기
쁨을 누리지 못하고 있다. 우리는 우리들이 구원받았다는 감격과 기
쁨을 잃지 않았는지 옷깃을 여미면서 자성해야 할 것이다.

2) 둘째, 거룩 혹은 성별 (요 17:17)

예수님은 "그들을 진리로 거룩하게 하옵소서 아버지의 말씀은 진
리니이다"(요 17:17)라고 기도하신다. 우리들은 성도들의 거룩이나 성
화를 논할 때 자연스럽게 도덕적 행동을 생각한다. 그러나 예수님은
성도들의 도덕적 삶을 의식하고 기도하신 것이 아니다. 물론 거룩과

36_누가는 누가복음 1:14에서 "χαρά σοι καὶ ἀγαλλίασις"라는 표현으로 두 단어를 함께 사용한다. 이 기쁨
은 천사가 예수님의 선구자인 세례 요한의 태어남이 가져다 줄 기쁨을 사가랴(Zechariah)에게 알리는 내용
에서 나온다. 천사는 세례 요한의 출생은 "너도 기뻐하고 즐거워할 것이요."(He will be a joy and delight to
you.)(NIV)라고 사가랴에게 말하고 있다. R. J. Knowling, "The Acts of the Apostles," *The Expositor's Greek
Testament* (Grand Rapids: Eerdmans, 1980), p. 97.: "This 'gladness' is full of significance—it is connected
with the birth of the forerunner by the angel's message to Zechariah, Luke 1:14."

도덕적 행위는 관련이 있다. 여기서 예수님이 기도하신 거룩은 성도들이 하나님 편으로 성별되기를 위해 기도하신 것이다. 왜냐하면, 우리들의 거룩을 기도하신 직후 바로 뒤따라 나오는 요한복음 17:19에 "그들을 위하여 내가 나를 거룩하게 하오니 이는 그들도 진리로 거룩함을 얻게 하려 함이니이다"라고 자신을 위해 기도했기 때문이다. 요한 사도는 성도들의 거룩과 예수님의 거룩을 언급할 때 같은 용어 하기아조(ἁγιάζω)를 사용한다. 예수님의 이 말씀은 "자신이 거룩하지 않기 때문에 자신을 거룩하게 합니다"라는 뜻이 아니요, 내가 아버지의 맡기신 위대한 구속사역을 위해 내 자신을 성별합니다"라고 말씀하신 것이다. 예수님이 맡으신 일은 얼마 후에 있을 십자가상의 희생적 죽음이다.[37] 예수님의 기도는 성별을 뜻하는 기도였다. 예수님은 우리들이 하나님의 목적을 위해 성별되어야 한다고 간구하신 것이다. 우리들의 의지, 우선순위, 인생관 그리고 소망 등 모든 것이 하나님의 목적을 위해서 성별되어져야 한다는 것이다.[38]

초대 신약교회는 예수님의 기도의 내용처럼 진리 안에서 성별된 신앙의 공동체였는가? "그들이 사도의 가르침을 받아 서로 교제하고"(행 2:42)의 표현이나, "믿는 사람이 다 함께 있어 모든 물건을 서로 통용하

37_Marcus Dods, "The Gospel of St. John," *The Expositor's Greek Testament*, p. 844.; John Calvin, *The Gospel According to St. John part Two 11-21 and The First Epistle of John* (Grand Rapids: Eerdmans, 1974), p. 146.: "Although this sanctification belongs to the whole life of Christ (*ad totam Christi vitam*), it shone brightest in the sacrifice of His death."

38_Herman Ridderbos, *The Gospel of John*, p. 555.

고"(행 2:44)의 표현, 그리고 "날마다 마음을 같이 하여 성전에 모이기를 힘쓰고"(행 2:46)의 표현은 초대 신약 교회가 하나님의 말씀 안에서 세상으로부터 성별된 공동체임을 증거하고 있다.

그러면 요즈음의 한국교회는 세상으로부터 성별되었는가? 우리는 자신 있게 "그렇다"라고 답을 할 수 없는 자리에 있다. 근래에 한국교회는 입에 담을 수 없는 "개독교"라는 말까지 듣고 있는 형편이다. 한국교회는 세상의 비판을 겸허히 받으면서 예수님의 성별 기도를 마음에 새겨야 할 것이다.

3) 셋째, 진리 (요 17:17)

예수님은 "그들을 진리로 거룩하게 하옵소서"(요 17:17)라고 기도하신다. 예수님께서 진리를 언급할 때 아버지의 말씀이 곧 진리라고 말씀하신다. 요한 사도는 요한복음 서두에서 "태초에 말씀이 계시니라 이 말씀이 하나님과 함께 계셨으니 이 말씀이 곧 하나님이시니라"(요 1:1)라고 예수님이 하나님이시요 말씀이심을 천명했다. 예수님이 어떻게 "말씀"(λόγος)이라고 표현될 수 있을까? 그 이유는 말씀이 의사 전달을 하고 계시의 역할을 하기 때문이다. 하나님은 예수님을 통해 자신을 나타내 보이시고, 하나님의 구원계획과 뜻을 전달하고 계신 것이다(요 14:8-11 참조). 그러므로 예수님의 교훈과 구속 행위는 하나님의 계시이다.[39] 예수님은 대제사장적인 기도에서 그에게 속한 백성들을 구속의 은혜를 입은 백성들로 세상으로부터 성별시켜 달라고 기도하고 계신다. 그리스도의 교회에서 하나님의 말씀을 빼면 교회는 세상의 다른 모임과 똑같은 모임이 된다. 그래서 교회가 하나님의 말씀으로 성별되는 것이 중요하다. 이 말씀은 성경을 소유한 우리에게는 성경 66권의 말씀으로 성별되어야 함을 뜻한다.

초대 신약교회는 "사도의 가르침을 받아 서로 교제하고 떡을 떼며 오로지 기도하기를 힘쓰"(행 2:42)는 신앙공동체였다. "사도의 가르침"을 받았다는 말씀은 예수님의 기도처럼 초대 신약교회가 말씀으로 성별되었음을 증거 하고 있다. 누가는 사도행전을 로마 황제 네로(Nero, AD 54-68)의 통치 기간 중 AD 61-63 사이에 기록했다. 그런데 사도행전 2장에 묘사된 신약교회는 오순절 직후에 베드로의 설교를 듣고 회개하고 예수를 구주로 받은 백성들로 구성된 교회이다. 따라서 역사적인 연대로 계산하면 사도행전 2장에 기록된 사건들은 AD 29-30 경에 발생한 것이다. 그러므로 초대 신약교회는 우리가 소유한 성경을 소유하지 못한 상태였다. 그래서 예수님은 제자들을 모으시고 그들을 가르치셔서 영감으로 기록된 신약성경이 완결되기까지 그들을 사용하셔서 예수님의 교훈과 행적 그리고 부활을 증거 할 수 있도록 계획하신 것이다. 그래서 사도의 직무를 이행하지 못하고 실패한 가룟 유

39_ 박형용, 『사복음서주해』 (수원: 합신대학원출판부, 2015), pp. 31-35.

다 대신 맛디아(Matthias)를 택할 때, 사도의 자격 조건으로 예수님의 공생애 기간 동안 함께 다녔던 사람이어야 하고, 예수님의 부활을 증거할 수 있는 사람이어야 함을 제시한 것이다(행 1:21-22).[40] 그러므로 초대 신약교회가 "사도의 가르침"을 따라 살았다는 말은 하나님의 말씀을 따라 성별되었음을 뜻하는 것이다.

그러면 한국교회는 말씀으로 성별되었는가? 오늘날 한국교회는 씨 에스 루이스(C. S. Lewis)가 그의 책 "더 스크루테이프 레터스"(The Screwtape Letters)의 첫째 장 편지에서 마귀가 초보 마귀를 지상에 내보내면서 사람들을 유혹할 때 진리냐 거짓이냐에 대해서는 이야기하지 말라고 한다. 왜냐하면 사람들이 이제는 진리냐 거짓이냐를 근거로 행동하지 않기 때문이다. 오히려 오늘날 사람들은 실용적이냐 비실용적이냐에 관심이 있고 그것을 근거로 활동한다고 설명한다. 그러므로 사람들을 교회로부터 떠나게 하려면 실용성을 내세워 유혹을 해야 성공한다고 마귀가 초보 마귀에게 권고했다고 지적한 말씀에 귀를 기울여야 한다.[41] 쉐이퍼(Francis Schaeffer)는 좀 더 철학적인 방법으로 이를 설명한다. 오늘날 시대는 옛날과 달라 성경의 진리가 당신에게는 진리인지 모르나 나와는 상관이 없고, 어제는 진리였을지 모르나 내일은

40_박형용, 『사도행전주해』 (수원: 합신대학원출판부, 2017), pp. 47-48.

41_C. S. Lewis, "The Screwtape Letters," *The Complete C. S. Lewis Signature Classics* (New York: Harper Collins Publishers, 2002), p. 127. "Your man has been accustomed, ever since he was a boy, to have a dozen incompatible philosophies dancing about together inside his head. He doesn't think of doctrines as primarily 'true' or 'false', but as 'academic' or 'practical', 'outworn' or 'contemporary', 'conventional' or 'ruthless'. Jargon, not argument, is your best ally in keeping him from the Church."

진리임을 보장할 수 없다는 태도이다.[42] 세상은 성경의 진리가 절대적이 될 수 없고 상대적이라는 것이다.

오늘날 우리들은 진리에 대해서는 별로 관심이 없고 "내게 유익하느냐?", "내게 돈이 되느냐?" 등에만 관심이 크다. 요즈음 한국 교회 강단에서 전파되는 설교에 무게가 없다. 설교가 너무 가볍다. 말씀 봉사를 책임 맡은 목사들은 말씀(진리)의 무게를 의식하며 설교에 임해야 한다.

4) 넷째, 선교 (요 17:18)

예수님은 "아버지께서 나를 세상에 보내신 것 같이 나도 그들을 세상에 보내었고"(요 17:18)라고 기도하신다. 예수님은 이중 비교(double comparison)를 사용하여 아버지가 메시지와 함께 예수님을 세상에 보낸 것처럼 예수님도 메시지와 함께 제자들을 세상으로 보낸다는 의미를 전하고 계신다.[43] 예수님은 구원받은 성도들에게 사명을 부여하신다. 따라서 성도는 살아있는 기간 동안 하나님의 뜻을 실천해야 한다. 하나님은 우리 성도들을 통해 구속의 복음, 생명의 복음, 화목의 복음,

---

42_ Francis Schaeffer는 미국장로교회(Presbyterian Church in America) 제2회 총회 기간(1974년 17일-20일) 중 1974년 9월 18일(수) 저녁 특별강의에서 "나는 성경 말씀을 '진정한 진리'(true truth)라고 부르는데 여러분은 앞으로 10년 혹은 20년 후에는 '진실로 진정한 진리'(true, true truth)라고 true를 두 번 써야 할 때가 올 것이라"고 말한 바 있다. Cf. *Minutes of the Second General Assembly of the Presbyterian Church in America* (Macon, Georgia), p. 50 참조.

43_ W. Hendriksen, *The Gospel of John*, p. 361.: "It is in this connection that he makes a double comparison; that is, between the Father as Sender and himself as Sender; and between himself as Sent and the disciples as having been sent."

기쁨의 복음을 땅 끝까지 전하기를 원하신다. 하나님께서 우리들을 세상에 두신 것은 그의 사랑하는 외아들을 보내셔서 세상을 향해 증거 하게 하신 것처럼 우리들로 하여금 세상을 향해 그리스도를 증거 하게 하시기 위해서이다. 예수님은 우리들이 세상에 속하지 않았고 세상으로 보냄을 받았다고 말씀하신다(요 17:14, 18).

예수님께서 "아버지께서 나를 보내신 것 같이 나도 그들을 세상에 보내었고"(요 17:18)라고 말씀하신 뜻은 우리들이 세상에 있다는 뜻일 뿐만 아니라 그리스도처럼 세상에 있다는 뜻이다. 그리스도가 세상에 있었지만 기쁨과 거룩과 진리가 그에게 있었던 것같이 우리도 그리스도처럼 기쁨과 거룩과 진리가 우리에게 있어야 한다. 그리고 그리스도는 세상으로 보냄을 받으셨으나 세상에 동화되지 않으셨다. 우리들도 세상과 야합하기는 쉽지만, 세상에 동화되어서는 안 된다. 우리 기독교인들은 어려운 환경 속에서도 구속의 복음을 전파하도록 보냄을 받았다.

예루살렘 초대 교회는 그들의 성별을 통해 제자들을 날마다 더하게 하는 사역을 했다. 성경은 초대 예루살렘 교회가 "하나님을 찬미하며 또 온 백성에게 칭송을 받으니 주께서 구원 받는 사람을 날마다 더하게 하시니라"(행 2:47)라고 기록한다. 본문에서 확실한 것은 신약의 교회가 사람들을 구원한 것이 아니요, 주께서 교회를 사용하여 사람들을 구원했다는 것이다. 구원은 사람들의 작품이 아니요 하나님의 선물이다(엡 2:8 참조). 하나님의 백성은 생명의 복음으로 무장하고 세상으로 보냄을 받은 사역자들이다(참고; 마 28:18-20, 눅 24:46-49, 행 1:8).

한국교회는 선교에 열심을 내는 교회이다. 그러나 한국교회는 여러 가지 면에서 행정적으로나 선교정책적으로나 미진한 부분이 많이 있다. 한국교회는 선교사들의 현지 활동을 돕는 부분이나 선교사들의 노후 대책에 대한 부분에도 미진한 면이 많이 있다. 우리는 교만하지 않고 계속해서 배우면서 하나님의 전도 명령에 순종해야 한다.

5) 다섯째, 연합 (요 17:20-23)

예수님은 "우리가 하나가 된 것 같이 그들도 하나가 되게 하려 함이니이다"(요 17:22, 참조; 요 17:21, 23)라고 기도하신다. 구속받은 성도들은 예수 그리스도를 중심으로 연합과 일치를 해야 한다. 예수님이 기도하신 하나가 되는 것은 기구적인 조직을 뜻하지 않는다. 예수님은 커다란 기구 속에 모든 기독교인을 가입시켜 하나의 조직으로 만드는 연합을 생각하시지 않았다. 물론 연합이 기구적인 의미를 가지고 있는 것만은 사실이다. 그러나 본문에서 주님은 기구적인 연합을 위해 기도하시지 않았다.

역사적으로 볼 때 교회가 기구적으로 가장 큰 연합을 이루었던 때가 종교 개혁 이전 시대이다. 동서남북 어디에 가도 한 교회, 즉 캐톨릭 교회만 있었다. 교황을 머리로 한 하나의 교회였다. 이런 기구적인 연합은 진리가 결여된 연합이요, 예수님의 마음속에 있는 연합이 아니었다. 예수님이 기도하신 연합과 일치는 뜻이 하나요, 목적이 하나요, 방향이 하나요, 소망이 하나인 연합을 말한다. 예수님은 한 마음, 즉 주님의 마음으로 하나 되고 목적과 헌신에서 하나 되기를 원하시는 것이다.

초대 신약교회는 하나로 연합된 신앙의 공동체임이 확실하다. "믿는 사람이 다 함께 있어 모든 물건을 서로 통용하고 또 재산과 소유를 팔아 각 사람의 필요를 따라 나눠 주며"(행 2:44-45), "날마다 마음을 같이하여 성전에 모이기를 힘쓰고"(행 2:46) 등의 표현은 초대 신약교회가 한 마음과 한 뜻으로 하나 된 믿음의 공동체임을 증거 한다.

한국교회는 그리스도를 중심으로 연합과 일치가 되었다고 확신할 수 있는가? 우리는 이 부분에 있어서 솔직하게 긍정적인 답을 할 수가 없다. 우리는 성경에 대한 견해가 같고 신학적인 입장이 같은 그룹들이라면 자신을 비우고 겸손한 마음으로 상대방을 배려하면서 예수님의 연합과 일치에 대한 기도를 이루기 위해 노력해야 한다.

6) 여섯째, 사랑 (요 17:24-26)

예수님은 "나를 사랑하신 사랑이 그들 안에 있고 나도 그들 안에 있게 하려 함이니이다"(요 17:26)라고 기도하신다. 하나님은 우리를 조건 없이 사랑하셨다. 바울은 "우리가 아직 죄인 되었을 때에 그리스도께서 우리를 위하여 죽으심으로 하나님께서 우리에 대한 자기의 사랑을 확증하셨느니라"(롬 5:8)라고 하나님이 조건 없이 우리를 사랑하셨음을 확증한다. 사랑은 성령의 열매로 다른 모든 열매가 그 자체의 효능을 발휘할 수 있도록 돕는다(갈 5:22-23). 사랑은 인내, 친절, 관용, 겸손, 예의범절, 무사욕, 온순, 정직, 진실성 등의 특성으로 작용한다(고전 13:4-6). 예수님은 그리스도의 교회가 세상을 향해 사랑의 공동체임을 나타낼 수 있도록 기도하셨으며(요 17:23), 교회가 하나님의 영광을 체험하는 공동체임을 알게 하도록 기도하셨으며(요 17:24), 교회가 그리스도의 사랑으로 활동하는 공동체임을 알도록 기도하셨다(요 17:26). 사랑은 최고의 선이요 "가장 좋은 길"이다(고전 12:31).

초대 신약교회는 그리스도의 사랑이 넘치는 믿음의 공동체였다. "모든 물건을 서로 통용하고", "재산과 소유를 팔아 각 사람의 필요를 따라 나눠주며", "날마다 마음을 같이 하고", "기쁨과 순전한 마음으로 음식을 먹고"(행 2:44-46) 등의 표현은 초대 신약교회가 사랑의 공동체였음을 증거한다.

그러면 한국교회는 사랑으로 움직이는 믿음의 공동체인가? 한국교회가 예수님의 기도에 부응하는 사랑을 실천하고 있는가? 우리는 하나님의 무조건적인 사랑을 기억하면서 무슨 일을 하든지 사랑의 원리가 작동되도록 노력하여야 할 것이다.

6. 나가는 말

신구약 성경은 하나님의 구속역사를 확증하거나 해석한 하나님의 계시이다. 그러므로 구속역사 없는 성경 계시는 아무런 의미가 없다.

전체 성경 계시를 일별하면 하나님은 아담이 죄를 지을 때 하나님의 방법으로 죄 문제를 해결하시기 위해 계획을 세우셨다. 그래서 하나님은 죄 문제를 해결할 메시아를 보내주시겠다고 구약에서 예언하시고 신약에서 그리스도의 죽음과 부활을 통해 구속을 완성하신다. 하나님의 구속계획은 처음 창조에서부터 신천신지에 이르는 원대한 구속 역사의 진행이다. 그래서 하나님은 약속하신 메시아 예수 그리스도를 통해 성취하신 생명의 복음, 구속의 복음, 화목의 복음을 땅 끝까지 전파할 수 있도록 신약교회를 설립하시고 그 역할을 감당하게 하신다. 교회는 하나님 나라를 확장하는 책임을 가진 믿음의 공동체이다. 교회는 예수님의 재림 때까지 하나님의 나라의 일을 해야 한다. 예수님의 재림 때에 재림하시는 예수님께서 "모든 통치와 모든 권세와 능력을 멸하시고 나라를 아버지 하나님께 바칠"(고전 15:24) 것이다. 예수님의 재림 때에 하나님이 계획하신 구속역사가 완성될 것이다.[44] 예수님께 속해 있는 성도들은 영원히 신천신지에서 성삼위 하나님과 교통하면서 살게 될 것이다.

44_E. W. Ives, *God in History* (Herts, UK: Lion Publishing, 1979), p. 58.: "If God is at once supreme and involved in the world, the one who has created it and continues to sustain its existence, then the world and human society must reflect his purpose. More than this, both Jews and Christians believe that God is involved in the world not only in a general sense as creator and preserver but specifically also in a great plan for human redemption (whether in national terms or in terms of the incarnation of Christ). Human history, therefore, must have a specific direction, something expressed in the concept of the 'coming of the Day of the Lord', the final glory of God in history."

종교개혁 당시
종교개혁교회의 구원의 확신

종교개혁자들은 주 예수가 피 흘리시어 죗값을 다 갚아

모든 구원을 이루셨으므로 믿기만 하면 죄 용서 받고 영생에 이른다고 가르쳤다.

그래서 들을 귀 있는 자들은 이신칭의 교리대로

주 예수를 믿는 믿음 고백을 하였다.

그리하여 죄와 죽음에서 놓여나고 하나님의 자녀들이 되었으므로

성령을 모시고 살아 구원의 기쁨과 감사가 넘쳐났다.

서 철 원

서울대학교 철학과(B. A), 동 대학원(M. A), 총신대학교 신학대학원, 미국 필라델피아 웨스트민스터 신학교 대학원(Th. M), 암스테르담 자유대학교(Dr. Theol.)를 졸업하였다. 자유대학교 신학박사 학위논문 「예수 그리스도의 창조 중보직」(The Creation-Mediatorship of Jesus Christ)은 20세기 100대 신학 저술 모음인 Theologicum에 수록되었다. 개혁신학연구원 교수, 총신대 신학대학원 조직신학 교수(대학원장, 신학대학 원장, 부총장 역임), 한영신학대학교 석좌교수로 재직하다가 은퇴하였다. 저서로는 『교의신학전집』, 『교리사』, 『복음과 율법의 관계』, 『성령신학』, 『하나님의 구속경륜』, 『신앙과 학문』, 『복음적 설교』, 『하나님의 나라』, 『문화명령』, 『종교다원주의』, 『창조신앙』, 『기독교문화관』이 있으며, 「연약사상에 대한 새로운 사상」(A New Thought on the Covenant Idea, contributed to the International Reformed Theological Journal of the Netherlands) 외 다수 논문이 있다.

종교개혁 당시 종교개혁교회의 구원의 확신

1. 종교개혁 당시 로마교회의 구원관

1) 로마교회는 구원종교

지금 이 논지에서 논하고 있는 로마교회는 종교개혁 당시의 교회를 뜻하고 지금 진행되는 로마교회가 아닌 것을 밝혀둔다. 현금 로마교회는 그리스도교회의 근본 교리인 삼위일체 교리와 하나님의 성육신의 교리를 다 부정하고 있다. 지금 로마교회는 신학과 교리 입장에서 보면 완전히 이교가 되었다. 단지 교회의 조직과 예배 모범만 전통적이다.

종교개혁 때 로마교회는 일반은혜의 영역에 속하는 종교가 아니라 은혜의 영역에 속하였다. 곧 하나님이 구원을 이루시고 그 구원을 사람으로 획득하도록 하셨다는 가르침을 중심으로 삼았다. 로마교회는 구원종교의 영역에 속하였다.

5세기 초엽 펠라기우스의 가르침과는 달랐다. 그에 의하면 사람의 구원은 사람 스스로 해결하지 하나님의 은혜가 필요 없다고 하였다. 선행도 본래 인간의 힘으로 할 수 있고 은혜의 도움을 필요로 하지 않는다. 그 이유는 아담이 타락했으나 그 죄는 그에게만 해당되고 후손들에게는 아무 영향이 없었다고 하였다. 죄가 되는 것은 조상들의 행실을 모방해서 생겨났고 아담의 죄와 죄책의 전가는 없다. 그러므로 죽는 것도 본래 구조가 죽도록 되어 있어서이지 아담의 범죄로 죽게 된 것이 아니라고 하였다.

이것에 대조해서 로마교회는 구원 은혜를 말하고 하나님이 구원을 이루셨음을 강조하였다. 구원 얻는 데 은혜의 도움이 필요한 것을 인정하였다. 구원을 얻는 필수 요건으로 선행을 할 때 인간 본성이 선행을 하지만 구원 은혜의 도움을 필요로 한다. 이 주장은 펠라기우스의 자연적 종교사상과 아우구스티누스의 가르침을 합한 것이다. 하나님이 객관적 구원을 이루어놓으시고 사람이 그 구원을 획득하는데 은혜의 도움을 필요로 한다. 은혜의 도움의 필요성 주장 때문에 로마교회가 구원종교가 된다.

구원 얻는 일에 로마교회가 가르치는 은혜는 본성이 하는 일을 돕는 역할을 한다. 본성이 일하고 은혜가 도우면 본성이 하는 일은 공로가 된다. 공로는 본성에 있고 은혜는 돕는 자리에 있으므로 공로 성격은 없어진다. 은혜는 본성을 도와 본성으로 공로를 이루게 한다. 따라서 공로는 본성이 행한 것에 속한다.

그러므로 은혜의 도움을 받아 본성이 공로를 이루어야 한다.

2) 구원 획득은 선행과 고행과 금욕과 금식으로 이루어진다

그래서 로마교회는 사랑의 선행과 금욕과 금식과 고행을 통해서 구원 얻을 자격을 얻도록 강요하였다. 자격을 갖추어야 구원 얻는다는 진리를 구성하기 위해 로마교회 신학자 토마스 아퀴나스는 아리스토텔레스의 철학에서 정의의 정의를 빌려왔다.

3) 구원은 자격을 갖춘 자가 그 자격에 의해서 얻는다

이 신학이 13세기 토마스 아퀴나스에 의해 교회의 정통신학으로 확립되었다. 토마스가 이 신학을 교회의 신학으로 정립하기 위해 로마교회는 아리스토텔레스의 정의 개념을 차용하였다. 아리스토텔레스는 그의 윤리학책 니코마스 윤리학(Ethica Nichomacheia)과 다른 저술에서 정의를 규정한다. 시민 사회에서 자산을 분배할 때 분배의 일정한 기준이 있어야 한다. 그렇지 않으면 어떤 사람은 많이 가져가고 다른 사람은 적게 가져가게 되어 불평과 불만이 많아진다. 이런 것을 해소하고 합당한 분배가 이루어지려면 자격에 의해서 자산을 분배해야 한다. 자격에 의해서 분배하면 임의로 많이 가져가거나 적게 가져가는 일이 생기지 않는다. 그러면 불평이 없어진다. 그래서 자격에 의해서 자산을 공평하게 분배하는 것이 정의라고 규정하였다.

4) 구원은 내가 획득한다

토마스가 의를 정의하기 위해서 아리스토텔레스의 사회정의의 규정을 받아들였다. 구원받으려면 그에 합당한 자격을 갖추어야 한다. 그 자격을 얻는 법은 신약의 가르침대로 주 예수를 믿는 믿음이 아니다. 내 힘으로 자격을 획득해야 한다. 구원을 획득하기 위해 사랑의 선행과 고행과 금욕과 금식을 통해 자격을 획득해야 한다. 합당한 자격을 획득한 자들에게 교회가 구원에 합당한 자라고 선언한다. 사람이 자기의 삶을 다 살고 죽었을 때 곧 종부성사에서 구원에 합당한 자라고 선언된다.

5) 연옥에 있는 자도 자격을 갖추면 천국으로 간다

그때 자격이 합당한 자에게는 천국으로 들어감을 선언하고, 그에 미달한 자는 연옥으로 배정된다. 그러나 연옥은 지옥이 아니기 때문에 기회가 주어지고 아니면 다시 자격을 얻을 여건이 열린다. 본인은 죽었으므로 자격을 얻을 수 있는 활동을 할 수 없다. 그러나 살아남은 가족이 공로를 이루면 연옥에서 고통 받고 있는 사람들이 천국으로 배송된다. 종부성사 때 헌금을 많이 하면 그것이 가장 확실한 방법이 된다. 그래서 연옥에 있는 영혼에게 교회의 권위에 의해서 천국으로 올라가도록 선언된다. 이런 배경에서 면죄부가 발매되었다. 면죄부를 사면서 합당한 헌금을 하면 교황이 그의 권위로 연옥에서 천국으로 직행하게 한다.

6) 자유의지로 공로를 이룩하여 구원받는다

로마교회는 사람이 자기의 노력으로 자격을 획득할 수 있도록 자유의지를 강조하였다. 아담의 타락은 인간의 영혼의 각 기능들에 영향을 미쳤다. 감정의 영역에 큰 영향을 미쳤고, 의지의 기능에도 영향을 미쳤지만, 자유의지는 그 기능을 바르게 행사할 수 있다고 주장하고 가르쳤다.

7) 타락은 자유의지와 지성에 별 영향이 없다

로마교회는 자유의지를 바르게 행사할 수 있는 근거를 지성에 두었다. 타락의 영향과 결과가 지성에는 별 효과가 없었다. 본래 창조된 대로 그 기능을 행사할 수 있다고 단언하였다. 의지는 지성이 말해주고 밝혀주는 대로 행동한다. 그 지성이 온전해서 타락 전과 같이 바른 판단과 지식을 의지에게 전할 수 있었다고 주장하였다. 의지는 지성이 제공하고 판단해준 대로 결정하고 행동할 수 있었다. 그러므로 건전한 자유의지로 행동하여 공로를 세울 수 있다고 확신하였다. 자유의지의 판단과 지도대로 선행을 하여 구원받을 수 있는 자격을 확실히 확보할 수 있다고 믿었다.

8) 잠재신앙을 선행으로 활성화시켜 구원하는 믿음으로 만든다

로마교회의 가르침에 의하면 믿음만으로 구원 얻을 수 없는 이유가 있다. 세례 곧 영세 받을 때 받은 믿음은 잠재신앙(fides implicita)이다.

이 믿음은 잠재신앙이고 활성화된 믿음이 아니다. 잠재신앙을 구원하는 믿음(fides salvifica)으로 활성화시켜야 한다. 그것은 교회의 근본 가르침인 교리 곧 삼위일체 교리와 하나님의 성육신의 교리를 잘 알아야 한다. 그러나 그런 신학지식으로 구원에 이르도록 활성화된 믿음은 토마스의 가르침대로는 형성된 믿음(fides formata)이다.

9) 선행과 고행으로 영혼을 의롭게 만들어 의롭다 함을 받는다

그러나 더 근본적인 진리는 사랑의 선행으로 잠재신앙을 구원적 믿음으로 만드는 것이다. 사랑의 선행이 내용이 없는 믿음을 내용 있는 믿음으로 만든다. 그냥 믿는 신뢰 믿음은 공허한 것이어서 우리를 구원에 이르게 할 수 없다고 트렌트 공회의에서 단언하였다. 의롭다 함을 얻기 위해 사랑의 선행을 할 뿐만 아니라 고행과 금욕 등으로 영혼이 의로워져야 한다. 그래야 교회가 그를 의롭다고 단언하여 천국에 들어가게 된다.

10) 교회는 자격을 갖춘 자를 그 자격에 근거하여 의롭다고 선언한다

하나님이 구원 사역을 하여 구원을 성취하셨어도 그 구원을 내 것으로 삼기 위해서는 사람이 선행과 고행을 해야 한다. 이렇게 자격을 얻게 되면 교회가 그 사람을 의롭다고 선언하여 영생에 이르게 한다는 것이다.

11) 교회는 선행과 고행으로 자격을 갖추도록 격려한다

교회는 교회에 나오는 사람들로 열심히 선행과 고행으로 의롭다 함을 받을 자격을 얻도록 독려하고 재촉하였다. 내 힘으로 죄 용서와 영생을 얻기 위해서 교회원들은 열심히 노력하였다.

믿음 고백으로 믿기만 하면 의롭다 함 곧 죄 용서와 영생을 자기 힘으로 얻도록 노력함으로 율법주의 망령이 살아나고, 교회 생활과 믿음 생활에 아무런 기쁨과 감격이 없게 되었다. 괴로움은 날로 가중되었고 칭의를 받을 가망성은 점점 멀어져갔다. 결국 교회에 많은 헌금을 바치므로 천국 들어가는 차표를 사는 길밖에 없게 되었다.

12) 은혜는 돕고 본성이 일하면 그 일은 공로가 된다

구원을 얻기 위해 행하는 일들이 공로가 되는 신학이 세워졌다. 선행과 고행과 금욕과 금식은 본성이 한다. 은혜는 돕는다. 본성으로 한 행동들이 다 공로가 된다. 믿음의 경우도 은혜는 돕고 본성이 결정하고 믿었다. 본성이 믿음을 결정하고 믿었으므로 믿음이 공로가 된다.

13) 교회가 가르친 구원의 길은 고통과 재난의 연속이 되었다

교회의 미사에 참여하며 평안하게 생활하는 사람들에게는 교회의 가르침과 생활이 아무 문제가 없었을 것이 확실하다. 그러나 진지한 교회 생활을 하고 있고, 정직하게 교회의 가르침대로 죄 용서와 영생을 목표하는 사람들에게는 교회의 가르침이 지옥의 불의 연속이었고,

율법주의 망령에 사로잡혀 고통과 재난의 연속이었다. 죄 용서에 도달하는 것은 끝이 없는 나락을 잡는 것과 같았다.

2. 이신칭의 교리로 일어선 새로운 교회

1) 종교개혁은 이신칭의 교리로 출발

종교개혁은 이신칭의 교리로 출발하였다. 이신칭의 교리는 신약의 핵심 진리를 회복한 것이다. 로마교회는 선행뿐 아니라 고행과 금식과 금욕으로 의롭다 함을 얻을 자격을 갖추어야 구원 얻는다고 가르쳤다. 종교개혁은 로마교회의 가르침에 대항해서 주 예수 그리스도와 그의 구원사역을 믿기만 하면 죄 용서 받고 영생을 얻음을 확신하였다. 그래서 믿음만으로 구원 얻음을 주장하고 전파하였다. 그것은 로마교회의 가르침과 전적으로 배치되었다. 하나님이 친히 사람이 되셔서 피 흘리심으로 우리의 죗값을 갚아 죄와 죽음에서 구원하셨다. 이 진리를 믿기만 하면 죄 용서와 영생을 주신다. 이것은 신약의 가르침을(요 3:16) 받아들인 것이다.

2) 주 예수를 믿는다는 믿음 고백으로만 죄 용서와 영생을 받는다

신약의 가르침대로 주 예수를 믿는다고 믿음 고백하면 그것이 믿음이어서 죄 용서와 영생을 보장받았다. 의롭게 되는 자격을 얻기 위해 고행과 금식과 금욕을 하기 위해 생겨난 수도원들이 아무 데도 쓸모가 없게 되었다. 선행을 해서 구원받는 것이 아니었다. 믿음으로 구원받아 영생을 얻었으므로 구원의 기쁨과 그 은혜에 대한 표로 선행과 감사와 감격이 나오게 되었다. 의롭다 함을 받는 것은 전적으로 믿음 고백뿐이다. 구원 얻음에 선행과 고행은 아무 쓸모가 없게 되었다.

3) 믿음 고백으로 죄 용서 받음이 구원의 확신을 가져온다

믿음 고백하는 것은 주 예수의 구원사역을 받아들인 것이므로 죄 용서를 받는다. 죄 용서 받았다는 확신이 구원의 확신으로 나타났다. 구원의 확신의 증거가 기쁨과 감사이다. 주 예수님, 내가 주를 믿습니다라고 믿음 고백하면 죄 용서 받는다. 이 죄 용서에 구원의 기쁨과 감사가 따라온다. 이것이 구원받았다는 증거이다.

따라서 종교개혁 신경들은 구원의 확신으로 시작하지 않고 구원 얻는 비결로 시작한다. 믿음으로 구원 얻음, 곧 이신칭의 교리의 표현으로 전개한다. 하이델베르크 요리문답만 구원의 확신으로 시작한다. 그것이 유일한 위로라는 표현이다. 주 예수를 믿어 구원받았으므로 구원의 확신을 누리고 살게 되었다. 그것이 내가 그리스도께 속하여 그의 것으로 살게 되었다는 표현이다.

3. 종교개혁 교회들의 신경

이제 종교개혁 교회들의 신경을 살펴보자. 어떻게 믿음 고백으로 죄 용서 받고 영생을 얻어 살게 되었는지를 살펴보자.

1) 아우구스부르크 신앙고백서(Confessio Augustana, 1530)

루터가 1517년 종교개혁을 시발하였다. 그리고 1530년 아우구스부르크에 교회 대표들이 모여 신앙고백서를 작성하므로 종교개혁교회로 확고하게 섰다. 신앙고백서이므로 사도신경의 배열을 따라 신학 각 항목들을 논한다. 그러나 그 중심은 이신칭의 교리이다. 이 교리 전개를 살피므로 이신칭의 교리로 어떻게 구원의 확신을 누리고 살게 되었는지를 살피고자 한다.

신앙고백서 4조는 사람들이 하나님 앞에서 자신의 힘이나 공로나 행함으로 의롭다 함을 받을 수 없다고 선언한다. 그러나 그리스도 때문에 믿음으로 말미암아 값 없이 곧 은혜로 의롭다 함을 받는다. 사람들은 은혜로 받아졌고, 그들의 죄가 그리스도 때문에 용서되었다는 것을 믿으면 의롭다 함을 받는다. 그리스도는 그의 죽음으로 우리 죄에 대해 희생 제사를 하셨다. 하나님은 이 믿음을 의로 여기셨다.

5조에서 다음과 같이 다시 선언한다. 그리스도 때문에 은혜를 받은 자들을 하나님이 의롭다고 하신다. 우리의 공로 때문이 아니고 그리스도 때문에 의롭다고 하신다고 선언하여 믿음으로만 구원받음을 강조한다.

총회에 모인 목사들이 믿음으로만 구원받는다고 가르쳤고, 또 그렇게 믿음으로 자기들은 다 구원받은 자들임을 확신하였다. 이 신앙

고백서의 가르침대로 믿은 루터파 교도들은 믿을 때부터 구원의 확신으로 살았음이 확실하다.

6조에서는 믿음으로 죄 용서와 칭의를 붙잡는다고 선언한다. 그리고 그리스도를 믿는 자가 구원되는 것이 하나님의 작정이라고 선언한다. 행함이 없이 믿음으로만 죄 용서를 받는다고 반복적으로 강조한다.

또 12조는 믿음으로 죄 용서를 얻는다고 가르치지 않고, 오히려 죗값을 갚음으로 은혜를 획득하라고 명령하는 자는 배척된다고 주장한다. 죄 용서 곧 칭의는 전적으로 믿음으로 받고 공로로 되지 않는다고 가르친다.

종교개혁 때 루터교회에 속한 사람들은 주 예수와 그의 구원사역을 믿음으로 구원받아 구원의 확신 속에 살았음이 확실하다. 로마교회와 완전히 달리 오직 믿기만 함으로 구원받았다고 가르쳤기 때문에 그 가르침대로 믿음 고백하여 구원의 확신 가운데 살았음이 확실하다.

2) 츠빙글리의 67개 조항(Articuli sive Conclusiones LXVII. H. Zwinglii, 1523)

스위스의 제1세대 종교개혁자인 츠빙글리가 작성한 67개 조항 중 15조항에서 다음과 같이 복음 진리를 선언한다. 복음을 믿는 자는 구원받을 것이다. 믿지 않는 자는 정죄 받을 것이다. 왜냐하면 복음에 모든 진리가 명료하게 드러났기 때문이라고 하였다(Qui credit Evangelio, salvus erit; qui non credit, condemnabitur. Nam in Evangelio omnis veritas clarescit). 복음을 믿으면 구원받고 믿지 않는 자는 정죄된다고 단언하고 있다. 츠빙글리의 가르침을 따라 주 예수를 믿는 자들은 다 구원 얻어 구원의 확신으로 살았음을 알 수 있다.

16조항에서는 로마교회의 가르침을 따르는 자들은 구원에 이르지 못함을 명시한다. 인간들의 가르침과 전통들은 구원 얻는 일에 아무 쓸모가 없다는 것을 우리는 복음에서 배운다고 선언한다. 즉 선행이나 고행은 아무 쓸모가 없고, 오직 믿음으로만 구원됨을 강조하고 있다.

츠빙글리와 그의 가르침을 받는 스위스의 그리스도인들도 복음을 믿었으므로 구원의 확신 가운데 살았음이 확실하다.

3) 제1 스위스 신앙고백서(Confessio Helvetica, 1536)

14조항은 믿음에 관하여 다음과 같이 진술하였다. 칭의와 구원을 하나님의 은혜에 귀속시킨다. 그리고 유일하고 참된 하나님 섬김은 믿음인데, 이 믿음은 행함의 결과가 아니라고 단정하였다. 이로써 로마교회의 행함으로 믿음이 형성됨을 전적으로 거부하고 있다.

츠빙글리도 믿음으로만 의롭게 된다는 것을 확신하고 가르쳤으므로 그를 따라 믿는 자들도 구원의 확신으로 살았다.

4) 제2 스위스 신앙고백서(Confessio Helvetica Posterior, 1566)

불링거에 의해 작성된 제2 스위스 신앙고백서는 구속사적으로 구원사역과 구원 얻음을 전개한다.

제2 스위스 신앙고백서 15조는 칭의에 관해서 다음과 같이 설명한다. 칭의에 관한 시비에서 사도가 말하기를 의롭다 함은 죄들을 용서하는 것이며, 죄과와 형벌을 사면하는 것이고, 은혜 안으로 받아들이는 것이며, 의인이라고 선언하는 것을 지시한다고 하였다(Justificare significat Apostolo in disputatione de justificatione, peccata remittere, a culpa et poena absolvere, in gratiam recipere, et justum pronuntiare).

또 그리스도로 말미암아 우리에게 죄 용서가 통보되었다. 모세의 율법으로 의롭다 함을 받을 수 없는 모든 사람들 중에서 믿는 모든 사람이 그로 말미암아 의롭다 함을 받는다고 선언하고 있다. 우리 모두는 본성으로 죄인이요 불경한 자들이며, 하나님의 심판대 앞에서 불경건으로 말미암아 정죄되고 죽음의 형벌에 합당하다.

의롭다 함을 받는 것 곧 심판주 하나님에 의해 죄와 죽음에서 사면되는 것은 전적으로 그리스도의 은혜이고 우리의 공로가 전혀 아니다. 종교개혁교회는 전적으로 그리스도의 은혜이고, 우리의 공로가 전혀 아니라고 한 것을 믿었다. 그러므로 죄 용서 받고 영생의 확신 속에 살았음이 분명하다.

그리스도는 세상의 죄들을 친히 짊어지시고 하나님의 공의대로 죗값을 갚으셨다. 오직 그리스도가 수난받고 부활하셨으므로 하나님은 우리의 죄에 대해 화해하셨다. 우리의 죄를 우리에게 전가하지 않으시고, 그리스도의 의를 우리의 것으로 전가하셨다. 그러므로 우리는 죄에서 씻어지고 정화되어 거룩하게 되었을 뿐 아니라, 그리스도의 의를 선사받아 죄와 죽음을 사면받았다. 그리하여 의인이 되고 영생을 상속받았다. 합당하게 말하면 하나님만이 우리를 의롭다 하신다. 순전히 그리스도 때문에 우리를 의롭다고 하신다. 죄를 우리에게 전가하지 않으시고 그의 의를 우리에게 전가하신다.

위와 같이 진술하므로 인간의 공로가 들어갈 자리를 완전히 소제하였다. 오직 그리스도의 구속사역 때문에 우리를 의롭다 하시고 우리를 죄인이 아니라고 선언하시는 것이다.

우리가 의롭다 함을 받는 것은 우리의 행함 때문이 아니고 하나님의 자비와 그리스도를 믿는 믿음으로 말미암아서이다. 죄인인 인간이 의롭다 함을 받는 것은 오직 그리스도를 믿는 믿음으로 말미암아서이다. 율법이나 우리의 행함이 전혀 아니라는 것을 사도와 함께 우리는 믿는다. 그리스도를 믿는 믿음으로만 의롭게 된다고 하였으니 이 가르침대로 믿음 생활한 사람들은 믿음 고백 할 때부터 구원의 확신으로 살았음이 분명하다. 바울이 구원의 확신을 가진 것과 같다.

스위스의 불링거의 개혁파 그리스도인들이 처음 믿을 때부터 의와 구원의 확신이 가득 차서 살았음이 확실하다. 구원의 확신을 가졌음은 선행을 하기 전에 이미 의롭다 함을 받았다는 진술로 확증된다 (proinde oportet nos justos esse, quam diligamus aut faciamus opera justa).

5) 하이델베르크 요리문답(Heidelberg Catechismus, 1563)

종교개혁 교회의 신경들 중에서 하이델베르크 요리문답은 칭의론을 제시하기 전에 구원의 확신으로 시작한 유일한 신앙고백서이다.

하이델베르크 요리문답은 구원의 확신을 단적으로 표현하는 유일한 위로로 시작한다. 삶과 죽음에서 당신의 유일한 위로는 무엇입니까? 답은 다음과 같다. 내가 삶과 죽음에서 몸과 영혼으로 나 자신에 속한 것이 아니고, 내 신실하신 구주 예수 그리스도에게 속합니다. 그는 그의 존귀한 피로 내 죗값을 완전히 갚으심으로 나를 모든 악마의 권세에서 구속하셨습니다. 그리고 나를 보호하사 하늘에 계신 아버지의 뜻 없이는 머리카락 하나도 내 머리에서 떨어지지 않게 하십니다. 또 모든 일들이 함께 내 구원을 위해서 일하게 하십니다. 그러므로 그의 성령으로 영생을 내게 확신시켜 주시고 충심으로 그를 위해서 살기를 원하게 하시고 또 살게 하십니다.

종교개혁교회에 속한 모든 그리스도인들이 믿음으로만 의롭게 된다는 진리를 확실히 믿으므로 구원 얻은 자들이 되었음은 확실하다. 구원 얻음이 명약관화하므로 내 몸과 영혼 전부가 다 그리스도께 속하였다는 것을 자랑으로 여겼다. 그리스도께서 피 흘려 내 모든 죗값을 다 갚으셨으므로 사탄의 모든 권세에서 구속해주시고, 나를 보호하시므로 내 머리카락 하나도 내 머리에서 떨어지지 않게 하신다고 하였다.

독일에 사는 개혁파 그리스도인들은 주 예수를 믿으므로 죄 용서와 영생을 확신하였다. 그러므로 사나 죽으나 그리스도만을 위해서 산다고 단언하였다. 종교개혁 당시 그리스도인들은 구원의 기쁨과 감사가 넘쳐나서 찬송이 늘 입에서 계속되었다.

구원의 감격과 확신을 더 강하게 하는 조항이 2조이다. 구원의 확신과 감격 속에 사는 법으로 내 죄와 비참함이 얼마나 큰지를 알고, 내가 어떻게 이 큰 죄와 비참함에서 구속되었는지를 알아야 한다고 강조한다. 그리고 이런 큰 구속을 주신 하나님께 어떻게 감사해야 할지를 알아야 한다고 말한다. 본래 내 죄와 그로 인한 비참함이 얼마나 큰 것을 알고, 그런 비참함에서 구속받은 것을 알면 그런 구속을 주신 하나님께 감사하여 살아야 한다고 하였다. 그러면 살 때도 이 위로 안에서 살고, 죽을 때도 기쁘게 죽을 수 있다고 하였다.

죄 용서를 체험한 사람만이 구원 은혜를 감사하고 찬송하며 살 수 있다. 따라서 울시누스와 독일의 개혁파 신도들은 구원의 확신과 감사 속에 살았음이 확실하다.

6) 프랑스 신앙고백서(Confessio Fidei Gallicana, 1559)

프랑스 신앙고백서는 1559년 칼빈이 작성하였다. 12조에서 하나님의 구원 경륜을 전개한다.

모든 사람들이 빠진 부패와 보편적인 정죄로부터 하나님이 그의 영원하고 불변한 경륜대로 우리 주 예수 그리스도 안에서 오직 그의 선하심과 자비로 선택하신 자들을 부르셨다. 그들의 행함은 전혀 고려하지 않고 그들 안에 그의 풍성한 자비를 드러내 보이시기로 하셨다. 나머지 사람들은 그들의 부패와 정죄에 남겨두기로 하심으로 그들 안에서 그의 공의를 보이시기로 하셨다. 그들 자신의 덕행으로 결코 구원에 이를 수 없다.

13조는 우리 구원에 필요한 모든 것이 그리스도 안에서 우리에게 제공되고 통보되었다고 진술한다. 그리스도는 우리 구원을 위해 우리에게 주어졌고, 우리에게 지혜와 의와 거룩함과 구속이 되셨다고 제시한다.

14조에서도 같은 진리를 반복한다. 하나님의 지혜요 영원한 아들이신 예수 그리스도는 우리의 육신을 입으시고 한 인격에서 하나님과 사람이 되셨다.

16조에서 칼빈은 다음과 같이 구원사역을 제시한다. 하나님이 그의 아들을 보내시어 모든 의를 성취하기 위해서 아들로 죽게 하셨고, 그를 죽은 자 가운데서 일으키심으로 우리를 위해 하늘의 생명을 확보하게 하셨다.

17조는 그리스도의 구속사역으로 어떻게 구원되었는지를 강조한다. 주 예수께서 십자가에서 바쳐드린 완전한 희생 제사에 의해 우리는 하나님과 화해하였고 그 앞에서 의롭게 되었다. 우리는 하나님께 받아질 수도 없고, 양자 되는 은혜에 동참할 수도 없는데 하나님이 우리 죄를 용서하시고 그 죄들을 도말하셨다. 그래서 우리는 예수 그리스도로 말미암아 깨끗해졌고 완전해졌다. 그의 죽음에 의해서 우리가 온전히 의롭게 되었고, 오직 그로 말미암아서만이 불의와 범죄들로부터 구출되었다.

주 예수를 믿기만 하면 죄 용서와 의롭다 함을 온전히 얻어 영생하게 되었음을 반복적으로 강조하고 있다.

18조는 우리의 칭의가 전적으로 죄 용서만으로 이루어진다고 강조한다. 우리의 죄 용서가 우리의 복이다. 그러므로 우리는 하나님 앞에서 의롭게 되는 것을 이룬다는 다른 모든 수단들을 배척한다. 어떤 덕행이나 공로를 내세움 없이 전적으로 그리스도의 순종만 의지한다. 그리스도의 순종이 우리에게 전가되어 우리의 죄를 다 도말하고, 하나님 앞에서 은혜와 호의를 입게 하신다고 단언하였다.

주 예수를 믿기만 함으로 죄 용서를 받고 하나님 앞에 의롭다는 선언을 받아 기쁘고 감사가 넘쳤다. 개혁교회에 속한 프랑스 신자들이 다 구원을 인해 기뻐하고 감사하며 살았으니 구원의 확신이 충만하였다.

22조는 우리가 믿음으로만 의에 동참한다고 선언한다. 믿음으로 말미암아 우리가 의롭다 함을 받는 것은 하나님이 우리에게 자기의 사랑을 선언하고 증거하신 약속에 의지한다.

주 예수를 믿으면 의롭다고 하겠다는 것은 모든 죄를 용서하시겠다고 한 약속을 따라 주 예수를 믿으므로 죄 용서를 받은 것이다. 죄 용서 받아 의롭게 되었다는 단적인 증거는 우리가 기뻐하고 감사하고 감격하는 믿음 생활이다.

프랑스 개혁파 그리스도인들은 모두 로마교회의 속박에서 놓여나 주 예수를 믿는다고 믿음 고백하여 기쁨과 감사가 넘쳐났다. 죄 용서 받고 의롭게 되어 하나님의 자녀가 되었으니 기뻐하고 감사할 수밖에 없었다.

22조는 우리가 의롭게 되는데 선행은 아무런 가치가 없다고 하였다. 우리가 행하는 선행들은 우리의 의가 될 수 없다. 또 하나님의 아들들이 되는데도 아무런 효력이 없다. 속죄에 의지하지 않으면 우리 심장이 늘 불안하고 의심하는 일밖에 하지 않게 된다. 행함으로는 결코 의에 이를 수 없고, 구원에 이를 수도 없다. 오직 주 예수를 믿음으로만 의롭게 되고 구원받는 것이라는 것이 칼빈의 한결같은 강조이다.

주 예수를 믿음으로만 구원받고 선행이나 인간의 공로는 아무 쓸모가 없다. 이신칭의 교리는 주 예수를 믿기만 하면 구원받으므로 믿음 고백하는 자는 다 구원을 누리며 산다. 그런 자들에게는 기쁨과 감사가 넘쳐날 뿐이다.

7) 네덜란드 신앙고백서(Confessio Belgica, 1561)

네덜란드 신앙고백서는 칼빈이 작성한 프랑스 신앙고백서에 기초해서 작성되었다. 네덜란드 신앙고백서 23조는 구원을 죄 용서로 정의한다.

우리의 구원은 예수 그리스도 때문에 우리의 죄를 사면받은 것이다. 하나님은 우리의 행함과는 아무 상관 없게 의를 우리에게 전가하셨다. 그러므로 우리는 전적으로 십자가에 못 박힌 그리스도의 순종에만 의지하게 되었다. 그를 믿으면 그의 순종이 우리 것이 되고 이 순종은 우리의 모든 불의를 덮기에 충분하다.

23조는 행함과 전혀 상관없이 그리스도의 순종만 의지하면 우리의 모든 불의가 다 용서된다고 단언한다.

24조는 하나님의 말씀과 성령의 역사로 사람의 마음에 일어난 참 믿음은 사람을 중생시켜 새 사람으로 만든다. 그리고 우리가 선행을 하기도 전에 그리스도를 믿는 믿음에 의해 우리가 칭의 된다.

네덜란드 개혁파 그리스도인들은 칼빈의 가르침을 열렬히 따랐으므로 그의 가르침대로 주 예수를 믿어 구원을 확실히 누리고 살았다.

8) 영국교회의 39개조(Articuli XXXIX Ecclesia Anglicanae, 1562)

영국교회 39개조도 개혁신학으로 구성된 신앙고백서이다. 후에는 달라졌겠지만 처음 작성될 때는 개혁신학으로 조직되었다.

39개조 중에서 10조는 타락 상태에서 자유의지의 무능력을 제시한다. 아담의 타락 후 사람은 자신의 자연적 능력과 선행으로는 하나님을 부를 수 없다. 그러므로 우리는 하나님을 기쁘게 해드리고 받으실 만한 선행을 할 수가 없다. 타락 상태에서는 사람이 자기의 본래적 능력으로 선행을 하여 믿음으로 돌아갈 수도 없고 하나님께로 돌이킬 수도 없다고 단언한다.

11조는 하나님 앞에서 오직 우리 주요 구주인 예수 그리스도의 공로 때문에 믿음으로 우리는 의롭게 된다고 선언한다. 우리의 공로나 자격 때문에 의롭게 되는 것이 아니다. 믿음으로만 의롭게 된다는 것이 바른 교리이다. 영국교회도 종교개혁 때 믿음으로만 의롭게 된다고 확신하였다.

12조는 선행에 대해서 진술한다. 선행은 믿음의 열매이고, 칭의 후에 따라온다고 선언하였다. 그러므로 선행은 우리의 죄를 없이 할 수 없고 하나님의 심판의 엄정함을 감당할 수도 없다. 선행은 참되고 살아있는 믿음에서 필연적으로 솟아 나온다고 진술한다.

선행으로는 결코 의롭게 될 수 없고, 믿음으로만이 의롭게 된다는 것이 영국교회의 근본신앙이다. 선행은 칭의의 귀결로 나온 것임을 명시한다.

이신칭의 교리를 믿는 영국 그리스도인들도 믿음 고백으로 구원의 확신 속에서 살았음이 분명하다.

9) 알미니안파 혹은 항론파의 5개조(Articuli Arminiani sive Remonstrantia, 1610)

종교개혁교회의 이신칭의 교리로 죄 용서의 경험을 하지 못한 자들이 이신칭의 교리에 대항하였다. 그들은 알미니안파 혹은 항론파로서 5개조를 공식화하여 제시하였다. 1조는 예정 교리 혹은 선택 교리를 수정한다. 하나님은 예수 그리스도 안에서 영원한 목적으로 타락한 인류 중에서 그리스도 때문에 선택하여 그의 아들 예수를 믿을 사람들을 구원하기로 결정하셨다. 반면에 고칠 수 없고 믿지 않는 자들은 죄와 진노 아래 두기로 정하셨다. 그리하여 그리스도와 분리된 자들로 정죄하기로 하셨다.

구원될 수 없는 사람은 고칠 수 없는 사람과 믿지 않기로 한 사람들이다. 믿고 안 믿고는 전적으로 인간의 결정에 달렸다. 변화되고 고쳐질 수 있는 것도 인간의 결정에 의해서 이루어진다. 선택의 공이 결국 인간 자신 안에 있게 된다. 내 자질 때문에 내가 선택될 수 있다. 하나님이 주권적으로 선택하고 결정하는 것이 아니다. 결국 인간의 자유의지가 궁극적으로 구원 여부를 결정한다. 이런 신학을 가진 자들은 구원의 확신을 가지지 못한 자들이다. 이 주장에 반대해서 1618-1619년 돌트 총회에서 개혁파는 무조건적 예정을 결정하였다.

알미니안파의 2조는 그리스도가 그의 죽음으로 모든 사람과 각 사람을 위해서 구속을 획득하셨다고 진술한다. 그러나 죄 용서를 누리는 자는 믿는 자들이라고 하였다. 이 가르침에 의하면 예수 믿지 않아도 다 구원받는다고 할 수 있다. 알미니안파는 죄 용서의 체험을 하지 못한 사람들이라고 할 수 있다.

3조는 참으로 선한 것을 이해하고 원하고 행할 수 있기 위해서는 사람이 중생하는 것이 필요하다고 한다. 이 말은 결국 중생하지 않아도 합당한 선행을 할 수 있다는 것을 함의한다. 그러면서도 참다운 선행은 중생으로 가능하다는 것을 주장한다.

4조는 하나님의 은혜가 모든 선의 시작이고 성취라고 주장한다. 그러나 이 은혜는 불가항력적이 아니다. 이 말은 은혜의 역사는 내가 내자연적 힘 곧 자유의지로 결정할 수 있다는 것을 함의한다. 구원 은혜는 불가항력적이 아니라는 것이다. 인간의 자유의지에 의해서 변형되고 고쳐진다는 것을 전제한다.

5조는 인간이 그리스도 안에서 시작한 삶을 게으름 등으로 바꿀 수 있다고 선언하였다. 결국 한 번 구원 얻은 자들도 구원에서 탈락할 수 있다고 주장하고 있다. 하나님이 이룩하신 구원을 받아들이느냐 거부하느냐는 인간이 결정할 수 있다. 은혜의 역사도 내가 막을 수 있고, 한 번 믿어 구원 얻었다고 하더라도 은혜를 버릴 수도 있고, 구원에서 탈락도 가능하다고 한다. 모든 것을 인간이 자유의지로 결정하면 하나님은 인간의 처분만 바라게 된다. 구원 얻음도 전적으로 인간의 결정에 달리게 된다. 이들은 구원 은혜가 사람을 기필코 구원하는 것을 부정하였다. 구원 얻은 사람도 중간에 탈락할 수 있으므로 하나님의 주권적 역사는 없어지고, 자유의지가 모든 것을 결정한다.

이런 자들은 은혜로 구원 얻음을 알지 못하고 구원의 확신을 알지 못하는 자들이다.

10) 돌트총회의 신경(Canones Synodi Dordrechtanae, 1618-1619)

돌트신경은 1610년에 작성된 알미니안파의 5개조에 대항해서 작성되었다. 1조 1항은 모든 사람들이 아담 안에서 범죄하여 저주와 영원한 죽음에 처해졌다고 진술한다.

1조 2항은 하나님이 자기의 독생하신 아들을 세상에 보내사 그를 믿는 모든 사람이 멸망하지 않고 영생을 얻게 하려고 하신 것에서 하나님의 사랑이 명시되었다고 선언한다.

1조 3항에 의하면 사람들을 믿음으로 인도하기 위해서 하나님은 원하는 사람들과 원하는 때에 그들로 회개하고 십자가에 못 박힌 예수 그리스도를 믿도록 하기 위해서 전도자들을 보내신다.

1조 4항은 이 복음을 믿지 않는 자들 위에 하나님의 진노가 임한다고 선언한다. 구주 예수를 참되고 산 믿음으로 영접하는 자는 하나님의 진노와 멸망에서 해방된다.

1조 5항은 사람의 불신앙과 다른 죄들의 원인과 죄과는 하나님에게 결코 있지 않고 사람에게 있다고 진술한다. 예수 그리스도를 믿는 믿음과 그로 인한 구원은 하나님의 값없는 선물이다. 믿음으로 구원 받는 은혜는 하나님의 선물이고, 우리 안에 있지 않다.

1조 6항은 어떤 사람들에게는 하나님에 의해 믿음이 주어지고, 다른 사람들에게는 믿음이 주어지지 않는 것은 하나님의 영원한 작정에서 나온다고 제시한다.

1조 7항은 선택은 하나님의 변할 수 없는 작정이라고 선언한다.

1조 1−7항을 요약하면 다음과 같다. 첫 인류의 조상이 타락한 후, 주 예수를 믿어 구원에 이르는 것은 하나님이 믿음을 주시기 때문이고, 믿음을 가진 자들과 믿지 않는 자들로 나뉘는 것은 하나님의 변할 수 없는 계획이라고 단언하여 믿음과 구원이 전적으로 하나님의 선물임을 강조한다.

1조 8항에서는 이 선택은 그의 유일한 호의요 계획이며, 하나님의 뜻의 경륜이고, 영원에서부터 우리를 선택하셔서 은혜와 영광과 구원에 이르게 하셨다고 단언한다.

1조 9항에서 이 선택은 예지된 믿음에서 나오지 않고, 어떤 선한 특질이나 성향에서 택하지 않으시고, 믿음과 믿음의 순종과 거룩함에 이르게 하셨다. 선택은 모든 선한 구원의 원천이라고 선언한다. 믿음으로 구원에 이르는 것이 하나님의 호의에서 나왔고, 거저 주시는 선물임을 강조하여 믿기만 함으로 구원받는 것임을 확실하게 강조한다.

2조는 구원의 방식을 논하고 있다. 하나님은 지극히 자비로우시고 의로우시다. 하나님의 공의가 요구하는 것은 이것이다. 하나님의 무한한 엄위에 대해 범한 죄들은 현세뿐 아니라 영원에서도 몸과 영혼이 형벌을 받아야 한다. 하나님의 공의를 배상하기 전에는 우리는 형벌을 피할 수가 없다. 아무도 죗값을 갚아 하나님의 진노에서 벗어날 수가 없다. 하나님은 무한한 자비로 자기의 독생하신 아들을 우리에게 보증으로 주셨다. 그가 우리를 위해 배상하시고 우리를 위해 십자가에서 죄와 저주를 해결하셨다. 하나님의 아들의 죽음은 죄에 대한 유일하고 완전한 희생 제사로서 무한한 힘과 값을 지녀 모든 세상 죄를 속량하기에 충분하다. 이 죽음은 그런 힘과 값을 지니므로 죽음을 극복한 인격은 참되고 완전히 거룩한 사람이요, 독생하신 하나님의 아들이므로 우리의 구주가 되시기에 마땅하다. 복음의 약속은 다음과 같다. 누구든지 십자가에 못 박힌 그리스도를 믿으면 멸망하지 않고 영생을 가진다. 이 약속은 하나님이 그의 기쁘신 뜻대로 복음을 선포 받은 모든 백성과 사람들에게 타당하다. 복음으로 부름 받은 사람들 중에서 많은 이들이 회개하지 않고, 그리스도를 믿지 않으므로 멸망하였다. 참으로 믿는 자들은 누구든지 그리스도의 죽음으로 말미암아 죄와 멸망에서 놓여나고 구원받는다. 이 호의는 순전히 하나님의 은혜에서 나왔는데 그리스도 안에서 영원부터 그들에게 주어졌다.

하나님이 그의 공의의 법대로 죗값을 갚으사 믿는 자들을 죄와 죽음에서 구원하셨으니 이것은 전적으로 은혜라고 단언한다. 그러므로 네덜란드 개혁파 그리스도인들은 주 예수를 믿는다는 믿음 고백으로 죄 용서와 영생을 얻어 구원의 확신 가운데 사는 사람들이었다.

11) 웨스트민스터 신앙고백서(Confession Fidei Westmonasteriensis, 1647)

웨스트민스터 신앙고백서는 종교개혁 후 한 세기가 지나서 작성되었다. 그래서인지 하나님의 예정과 절대주권을 강조한다. 그러나 믿기만 하면 구원받는다는 것을 강조하여 믿음도 하나님의 선물임을 선언한다.

11장 1항은 칭의에 대해서 진술한다. 하나님이 효력 있게 부르신 그들을 값 없이 의롭다고 하신다. 의를 그들에게 주입해서가 아니고, 그들의 죄를 용서하시고 그들의 인격을 의인으로 간주하고 받으신다. 그들 안에서 생산된 어떤 것 때문에도 아니고, 그들의 어떤 탁월성 때문에도 아니다. 오직 그리스도 때문에 의롭다고 하신다. 믿음 자체 때문에 그들에게 의를 전가하는 것이 아니고, 복음적 순종(obedientiam evangelicam) 곧, 그리스도의 순종과 죗값 갚으심(satisfactio)을 그들에게 의로 전가하신다. 믿는 자들에게 그리스도의 의를 전가하신다. 그들은 믿음도 하나님의 선물로 받아 가졌고 자기 스스로 갖는 것이 아니다.

11장 2항에서는 믿음을 칭의의 수단일 뿐이라고 하여 구원이 전적으로 하나님의 은혜의 일임을 강조한다.

이렇게 그리스도를 받아들이고 그와 그의 의를 의지하는 믿음은 의롭다 함의 유일한 도구(justificationis unicum instrumentum)이다. 그런데 믿음은 죽은 것이 아니고(neque est haec fides mortua) 사랑으로 역사한다. 믿음은 사랑으로 역사한다는 것을 강조한다.

11장 3항은 그리스도의 의는 하나님 아버지께 칭의 받은 자들의 죗값을 갚음 곧 배상이라고 진술한다. 그러므로 칭의는 전적으로 은혜의 선물이다.

이렇게 의롭다 함을 받은 자들의 모든 빚을 그리스도가 그의 순종과 죽음으로 해소하셨다. 그의 의는 아버지 하나님께 실제적이고 충만한 배상 곧 죗값을 갚은 일을 한 것이다. 신자들 안에 있는 어떤 것 때문이 아니고 아버지께서 그리스도를 그들에게 거저 주셨다. 아버지는 그리스도의 순종과 죗값 갚으심을 그들의 것으로 받으셨다. 그러므로 그들의 칭의는 전적으로 값 없이 주시는 은혜이다. 이렇게 하여 엄격한 하나님의 의와 풍성한 은혜가 죄인들의 칭의에서 영광을 받으신다.

11장 4항에서 하나님은 영원에서 택자들을 의롭다 하기로 정하셨음을 말한다. 사람들이 의롭게 되는 것이 하나님의 정하심임을 강조하고 밝힌다. 곧, 칭의가 전적으로 하나님의 일임을 제시한다.

하나님은 영원부터 택자들을 모두 의롭다 하기로 작정하셨다. 때가 차매 그리스도는 택자들의 죄를 위해서 죽으셨다. 또 그들을 의롭다 하기 위해서 다시 사셨다. 성령이 적합한 때 그들에게 그리스도를 적용함으로 그들은 의롭게 되었다. 그 전에는 결코 아니다.

택자들에게 성령이 그리스도를 적용함으로 그들이 의롭게 되었다. 그러므로 칭의는 하나님의 주권적 역사이다. 사람이 의롭다 함을 받아 구원 얻는 일은 전적으로 하나님의 일이다. 자기의 공로나 선행으로 의롭다 함을 받는 것이 전혀 아니다. 그러므로 영국교도들도 주 예수를 믿는다고 고백할 때 구원의 확신을 갖고 감사하고 기뻐하였음이 확실하다.

12) 웨스트민스터 소요리문답(Catechismus Westmonasteriensis Minor, 1647)

웨스트민스터 소요리문답 33문에서 칭의를 간략하게 말한다. 칭의란 무엇이냐는 물음에 대한 답에서 칭의는 하나님의 값없는 은혜의 행사라고 말한다.

칭의란 하나님의 값없는 은혜의 행사이다. 하나님이 우리가 주 예수를 믿기 때문에 모든 죄를 용서해주신다. 또 우리를 그의 얼굴 앞에서 의로운 자들로 받으신다. 오직 그리스도의 의를 우리에게 전가하신다. 그리고 믿음으로만 의를 받아들인다.

여기서 의를 죄 용서로 정의한다. 죄 용서를 믿음으로만 받아들인 다고 규정하고 있다. 웨스트민스터 신앙고백서와 함께 소요리문답을 배우는 영국교도들은 그리스도께서 피 흘리셔서 우리의 죗값을 갚으셨으니 그를 믿으므로 죄 용서 받았음을 확신하였다. 죄 용서 받음을 확신하는 것은 구원의 확신이다. 죄 용서 받아 하나님 앞에 의인이 되었으니, 언제나 하나님 앞으로 갈 것을 확신하였다. 그들은 다 믿음으로 구원의 확신을 누리며 살았고 감사하며 찬송하였다.

4. 종교개혁교회는 믿음으로 구원의 확신 가운데 살았다

종교개혁교회의 그리스도인들은 로마교회의 속박과 질곡에서 해방된 사람들이다. 그리스도께서 단번에 이루신 구원을 믿음으로 받기만 하면 구원받는다는 이신칭의 교리로 해방된 자들이다. 로마교회는 그냥 신뢰 믿음(Trauensglaube)만으로는 구원 얻을 수 없고, 자격을 갖추어야 구원 얻는다고 가르쳤다. 구원 얻을 자격은 고행과 금욕과 금식을 하고 또 선행을 해서 의로워지는 것이다. 그리고 그 가르침을 열렬히 시행하였다. 교회는 도저히 실행하여 구원 얻을 수 없는 가르침을 바른 진리라고 백성들에게 부과하였다. 백성들은 그 가르침을 지키려고 사력을 다하였다. 그것은 진실한 그리스도인들에게는 말할 수 없는 속박이었다. 완전한 교회의 전제주의적 시행이었다.

그러나 종교개혁자들은 주 예수가 피 흘리시어 죗값을 다 갚아 모든 구원을 이루셨으므로 믿기만 하면 죄 용서 받고 영생에 이른다고 가르쳤다. 그래서 들을 귀 있는 자들은 이신칭의 교리대로 주 예수를 믿는 믿음 고백을 하였다. 그리하여 죄와 죽음에서 놓여나고 하나님의 자녀들이 되었으므로 성령을 모시고 살아 구원의 기쁨과 감사가 넘쳐났다.

종교개혁 신경들이 이구동성으로 이 진리를 강조하고 널리 선포하였다. 이신칭의 교리를 믿는 사람들은 다 구원 얻어 죄 용서와 영생의 기쁨과 감사를 누렸다. 이 진리와 이런 변화를 종교개혁교회의 신경들이 열심히 증거하고 있다.

종교개혁교회의 신경들은 모두 동일하게 주 예수께서 피 흘리셨으므로 그를 믿기만 하면 죄 용서 받아 영생을 얻는다고 가르쳤다. 그러므로 그들은 개혁자들의 가르침을 그대로 믿고 죄 용서 받았다. 믿는 것 외에 다른 무엇을 할 필요가 없었다. 고행이나 금욕이나 금식을 하고 선행을 하여 구원 얻을 자격을 마련할 필요가 없었다. 그리스도께서 피 흘리심으로 내 죄를 다 용서하시고 깨끗하게 하셨으니 나는 주 예수를 믿는 것밖에 아무것도 할 것이 없었다. 믿는 자들은 다 구원의 확신 가운데 살므로 감사와 찬송이 늘 계속되었다.

의롭다 함은 오직 믿음 고백으로만 받는다. 주 예수를 믿는다는 믿음 고백으로 죄 용서 곧, 의를 얻어 구원의 확신 속에 살 수 있다. 위에 인용한 신경들이 가르치듯 이신칭의 교리를 따라 주 예수를 믿는다고 믿음 고백한 사람들은 다 죄 용서 받고 영생을 누리며 살았다. 또 하나님의 자녀가 된 표로 성령을 모시고 살았다. 그들은 주 예수를 믿는다는 믿음 고백을 하여 구원의 기쁨과 감사와 감격 속에 살았음이 확실하다.

제4장

하나님의 주권적 은혜:
칼빈의 구원론의 구조와 요점

칼빈은 그의 구원론에서 구원의 대상인 인간보다는

구원의 주도자인 삼위일체 하나님의 주권적 은혜에 주목한다.

그의 주된 관심사는 구원을 통해 이루어지는 인간의 변화가 아니다.

칼빈의 구원론의 주제는 자신과 원수가 된 죄인을 먼저 사랑하시고

값 없이 부르셔서 독생자 그리스도의 의를 전가시켜 자녀로 삼으시고,

그럼에도 불구하고 여전히 죄인인 신자들을 포기하지 않고

성령의 조명과 역사로 끊임없이 거룩하게 빚어 가시는 하나님의 은혜이다.

김요섭

서울대학교 철학과(B. A.)를 졸업한 후 총신대학교 신학대학원(M. Div.)에서 신학
훈련을 받았다. 이후 미국 Yale University Divinity School(S. T. M.)에서 교회사를
공부한 후 영국으로 옮겨 University of Edinburgh에서 종교개혁사와 칼빈의 신학을
연구했다. University of Cambridge에서 칼빈의 교회론을 역사적, 신학적 관점에서
분석한 논문으로 박사 학위를 취득했다. 칼빈과 개혁과 신학을 중심으로 16세기 전
후 종교개혁의 역사적 배경과 신학적 요점, 그리고 그 이후 장로교회의 역사와 신학
에 대해 연구하고 가르쳐 왔다. 30편에 가까운 논문을 학술지에 게재했으며 국내외
학회와 학술대회에서 발표해 왔다. 현재 복음주의역사신학회 편집위원장과 한국장
로교신학회 총무, 한국칼빈학회 부회장으로 섬기고 있으며 대한예수교장로회(합
동)에서 임직한 목사로서 2012년부터 총신대학교 신학대학원에서 종교개혁사와 장
로교회사 등을 강의하고 있다.

하나님의 주권적 은혜: 칼빈의 구원론의 구조와 요점[1]

1. 들어가는 말

"또 이르시되 너희는 온 천하에 다니며 만민에게 복음을 전파하라. 믿고 세례를 받는 사람은 구원을 얻을 것이요 믿지 않는 사람은 정죄를 받으리라"(막 16:15-16). 예수님께서 제자들에게 남기신 가장 중요한 명령은 복음을 전하여 구원을 얻게 하라는 것이었다. 구원은 기독교 신학에서 가장 중요한 주제들 가운데 하나였으며 지금도 시대와 지역을 막론하여 교회와 성도들의 가장 큰 관심사이다. 그러나 신학적 논의가 많았고 사람들의 관심이 컸던 만큼 구원에 대한 오해와 왜곡 역

1_ 이 글은 필자의 졸저 *The Identity and the Life of the Church: John Calvin's Ecclesiology in the Perspective of His Anthropology* (Eugene: Pickwick, 2014)의 2장 "The Grace of Trinity as the Foundation of Christian Identity," 43-68의 내용을 기초로 수정 보완한 글임을 밝힌다.

시 많이 나타났다.

16세기 종교개혁자들은 당시 로마 가톨릭이 가르치는 여러 교리들 가운데 특히 구원론의 왜곡을 가장 심각한 문제로 여겼다. 종교개혁자들은 인간의 공로적 행위가 추가되어야만 구원이 성취된다는 반펠라기우스적 구원론을 비판하고 예수 그리스도의 대속적 공로의 전가를 믿음으로만 의롭다 함을 받을 수 있다는 "오직 믿음"(sola fide)의 진리를 성경에서 재발견했다. 종교개혁자들이 공통적으로 강조했던 이신칭의(justification by faith alone)의 교리는 루터의 창작물이 아니라 성경의 엄연한 진리였다. 성경은 구원에 있어 모든 인간의 전적인 무력함과 대조되는 하나님께서 값 없이 주시는 은혜의 절대성을 강조한다. "모든 사람이 죄를 범하였으매 하나님의 영광에 이르지 못하더니 그리스도 예수 안에 있는 속량으로 말미암아 하나님의 은혜로 값 없이 의롭다 하심을 얻은 자 되었느니라"(롬 3:23-24). 종교개혁자들의 "오직 믿음으로"(sola fide)의 원칙은 궁극적으로는 "오직 은혜로"(sola gratia)를 제시하고 강조하려는 원칙이었다.[2]

종교개혁이 강조하려 한 구원론을 가장 잘 설명한 신학자들 가운데 하나인 칼빈(John Calvin, 1509-1564) 역시 구원의 대상인 인간의 무능력과 구원의 주체인 하나님의 주권적 은혜를 대조하면서 구원하시는 은혜의 주권을 강조하려 했다. 『기독교강요』는 사람을 아는 지식과 하

2_종교개혁 시대 칭의론의 주요 개념과 전개에 대해서는 Alister E. McGrath, 『하나님의 칭의론』, 한성진 역 (서울: CLC, 2008), 285-293 참조.

나님을 아는 지식, 이 둘의 상관관계를 말하면서 이 두 지식이 기독교 신앙에 있어 필수적인 이유는 "우리가 받은 은사 중 그 어느 하나도 우리 자신에게서 나온 것이 없으며 심지어는 우리의 존재 자체도 한 분 하나님 안에서만 존재하기 때문이다"라고 말한다.[3] 칼빈은 그의 구원론 역시 『기독교강요』를 이끄는 이 원리에 따라 전개한다. "특별히 최초 인간의 범죄로 말미암아 빠지게 된 그 비참한 파멸은 우리들로 하여금 위를 바라보게 한다… 따라서 우리는 우리 자신의 죄악들을 생각할 때 하나님의 선하신 일들을 생각하게 된다."[4] 칼빈은 그의 구원론 전반에 걸쳐 전적으로 타락하여 무력한 인간과 그 죄인을 구원하시는 하나님의 은혜의 전적인 주권을 강조한다.

본 논문은 칼빈의 『기독교강요』를 중심으로 관련 주석들을 검토하여 그의 구원론의 구조적 특징과 그 가운데에서 발견할 수 있는 강조점을 재조명하고 그 현대적 의의를 제시하려 한다. 특히 칼빈의 구원론이 신자의 삶 속에서 드러나는 하나님의 주권적 은혜를 강조하려 했음을 재조명하려 한다. 그리고 이를 통해 최근 칼빈의 구원론을 해석함에 있어 발생한 칭의와 성화의 관계에 대한 신학적 논의에 대한 발전적 평가와 반성을 시도할 것이다. 더 나아가 오늘날 한국교회가

3_ "우리가 갖고 있는 거의 모든 지혜, 곧 참되며 건전한 지혜는 두 부분으로 구성되어 있다. 그 하나는 하나님에 관한 지식이요, 다른 하나는 우리 자신에 관한 지식이다." Institutes, I.1.1, OS.2: 31. 『기독교강요』(1559)의 한글 번역은 John Calvin, *Institutes of the Christian Religion* (1559), 김종흡 외 역, 『기독교강요』 (서울: 생명의 말씀사, 1988)를 기초로 삼아 인용하며 이후 Institutes 뒤에 권, 장, 절로 인용의 출처를 밝히고 *Joannis Calvini Opera Selecta*를 OS로 표기한 후 권과 페이지를 밝힌다.

4_ Institutes, I.1.1, OS.2: 31.

다시 확인해야 할 신자의 삶과 교회의 개혁을 위한 실천적 논의를 위하여 칼빈의 구원론이 지니는 실천적 의의를 제안해 보려 한다.

2. 칼빈 구원론의 구조적 특징

1) 신자의 삶에 대한 관심

21세기에 접어들어 서부 웨스트민스터 신학교와 동부 웨스트민스터 신학교 신학자들 사이에 칭의와 성화의 관계에 대한 논쟁이 전개되었다.[5] 두 진영의 논쟁은 칼빈의 구원론 이해에 대한 것을 넘어서 칼빈의 언약신학과 그 적용에 이르기까지 광범위하게 확대되고 있는 양상이다.[6] 칼빈 구원론의 구조에 대한 논쟁은 특히 칭의의 논리적 우선성인가 아니면 그리스도와의 연합 가운데 칭의와 성화가 동등한 위치에 서 있는가를 둘러싸고 전개되었다.

먼저 칼빈의 구원론에 있어 성화에 대한 칭의의 우선성을 강조하는 해석자들은 칼빈이 루터 및 멜란히톤의 이해를 공유함으로써 로마 가톨릭 구원론의 행위의 공로를 배제하고 이신칭의(sola fide)의 구원론을

5_ 최근 칼빈 신학에서 칭의와 성화의 관계 및 이와 관련한 "그리스도와의 연합"에 대한 논란에 대해서는 T. Michael Christ, "The Relationship between Justification and Sanctification in the Structure of Calvin's Soteriology: Toward a More Nuanced Approach," *Evangelical Quarterly* 88/3 (2016/2017): 209–221.

6_ 캘리포니아 웨스트민스터 신학교에서 가르치기도 했던 John Frame은 최근 호튼(Michael Horton), 클라인(Meredith Kline), 하트(Darryl Hart) 등 이 학교 출신 신학자들의 입장을 "성속이원론"이라고 비판하면서 그 내용을 정리해 단행본으로 출간하기도 했다. John Frame, *The Escondido Theology: A Reformed Response to Two Kingdom Theology* (Lakeland: Whitefield Media Productions, 2011).

강조했음을 주장하려 한다.[7] 반면 칼빈이 그의 구원론에서 그리스도와의 연합을 강조했으며 그 위에서 칭의와 성화의 동시성과 동위성을 주장했다고 보는 해석자들은 칼빈과 개혁파 구원론이 루터파와 달리 신자의 삶의 변화를 강조함으로써 율법폐기론의 위험성과 혐의를 극복하려 했다고 주장한다.[8]

이와 같은 해석의 차이는 칼빈의 구원론이나 개혁신학의 구원론의 핵심 내용이나 궁극적 강조점에 대한 이견은 아니다. 양쪽은 모두 칼빈이 칭의와 성화의 구별뿐 아니라 서로 분리될 수 없는 긴밀한 관계도 주장했음을 인정한다. 그리고 이후 개혁신학 역시 "성도의 견인"(perseverance of the saints)을 천명한 도르트신조와 같이 칭의의 확실성만큼이나 성화의 중요성 역시 강조해 왔음을 인정한다. 다만 최근에 벌어지고 있는 칼빈의 구원론에 관한 논쟁은 칭의와 성화의 구별을 강조하는가 아니면 양자 사이의 분리될 수 없는 긴밀한 관계를 강조하는

7_ 캘리포니아 에스콘디도에 위치한 캘리포니아 웨스트민스터 신학교의 호튼과 최근 개혁신학교(Reformed Theological Seminary)로 옮긴 페스코(John V. Fesko) 등은 칭의와 성화의 관계 가운데 칭의의 논리적 우선성을 강조한다. Michael Horton, *Covenant and Salvation: Union with Christ* (Louisville: Westminster John Knox Press, 2007); John V. Fesko, *Beyond Calvin: Union with Christ and Justification in Early Modern Reformed Theology* (1517–1700), (Göttingen: Vandenhoek & Ruprecht, 2012). 빌링스(Todd Billings)와 베네마(Cornelis Venema)등 학자들도 같은 입장을 취한다. J. Todd Billings, *Calvin, Participation and the Gift: The Activity of Believers in Union with Christ* (Oxford: Oxford University Press, 2005); Cornelis P. Venema, *Accepted and Renewed in Christ: The "Twofold Grace of God" and the Interpretation of Calvin's Theology* (Göttingen: Vandenhoek & Ruprecht, 2007).

8_ 팁톤(Lane G. Tipton)이나 가르시아(Mark A. Garcia)와 같은 필라델피아에 위치한 웨스트민스터 신학교 출신 학자들은 그리스도와의 연합 위에서 칭의와 성화의 동시성과 동등성을 강조한다. Lane G. Tipton, "Union with Christ and Justification", in *Justified in Christ: God's Plan for Us in Justification*, ed. Scott Oliphint (Fearn: Mentor, 2007); 23–49; Mark A. Garcia, *Life in Christ: Union with Christ and Twofold Grace in Calvin's Theology* (Colorado Springs: Paternoster, 2009).

가의 의견 차이이다. 그러므로 칼빈의 구원론에 대한 최근의 신학적 논쟁과 관련해 먼저 칼빈의 구원론이 취하는 구조를 다시 살펴볼 필요가 있다.

칼빈의 구원론의 기본적 구조는 1559년 출판한 『기독교강요』 라틴어 최종판에서 가장 잘 확인할 수 있다. 이는 칼빈이 그 이전까지 루터의 대요리문답의 순서를 틀로 사용한 『기독교강요』 이전 판들과 여러 주석과 신학논문에서 다루었던 구원론 관련 논의들을 라틴어 최종판 제3권에 모아 총정리했기 때문이다.[9] 칼빈이 자신의 구원론을 최종적으로 정리한 최종판 3권의 제목은 "그리스도의 은혜를 받는 길: 어떤 유익이 우리에게 오며 어떤 효력이 따르는가"이다.[10] 그는 이 제목 아래 가장 먼저 1장과 2장에서 성경의 사역과 믿음에 대해 각각 논한 후 3장부터 본격적으로 "중생"(regeneration)이라는 제목하에서 구원의 근거와 과정에 대해 설명한다.

최종판 3권의 순서 가운데 가장 주목할 만한 점은 그가 가장 먼저 다룬 주제가 예정이나 칭의가 아니라 신자의 삶인 중생이라는 점이

9_1536년 초판에서 1559년 라틴어 최종판에 이르는 『기독교강요』의 발전과정에 관해서는 Jean-Daniel Benoit, "The History and Development of the *Institution*: How Calvin Worked," *in John Calvin: Courtenay Studies in Reformation Theology I*, eds. F. L. Battles et al. (Abingdon: Sutton Courtenay, 1966), 102-117; Elsie Anne McKee, "Exegesis, Theology, and Development in Calvin's *Institutio*: A Methodological Suggestion," in *Probing the Reformed Tradition*, eds. Elsie Anne McKee and Brian G. Armstrong (Louisville: Westminster John Knox Press, 1989), 154-174; W. de Greef, *The Writings of John Calvin: A Introductory Guide*, trans. Lyle D. Bierma (Grand Rapids: Baker, 1993), 195-202 참조.

10_"De modo percipiendae christi gratiae, et qui inde fructus nobis proveniant, et qui effectus consequantur." OS.4: 1.

다. 종교개혁의 "이신칭의"(sola fide)와 직접 관련되는 "칭의"에 대한 논의는 2장과는 한참 떨어진 11장 이후에서 다루며 예정에 대해서는 21장에서 거의 마지막 주제로 다룬다. "믿음-성화-칭의-예정"으로 전개되는『기독교강요』(1559) 3권의 구조는 사람의 비참한 현실을 깨달아 알 때 비로소 하나님의 선함을 깨달을 수 있다는『기독교강요』의 서론적 대원칙과 일관된다.[11] 또 3권의 구조적 선택은 이 책의 교육적, 목회적 목적과 관련이 있다. "나의 의도는 다만 몇 가지 기초적인 원리를 기술하여 종교에 열심히 있는 사람들이 참된 경건의 생활을 이루도록 하려는 것이었습니다."[12]

신자의 중생의 삶이 칼빈의『기독교강요』 3권에서 가장 먼저 다루어지는 것은 그의 구원론이 믿지 않는 신자들을 전도하거나 불신의 사회를 향해 기독교 신앙을 변증하기 위한 목적보다는 당시 로마 가톨릭이 왜곡시켜 놓은 성경의 가르침을 재확인하고 이를 통해 신자의 삶에서 참된 경건을 회복하는 데 있음을 증명한다. 따라서『기독교강요』(1559) 3권의 구조적 특징과 "중생"에 대한 관심을 생각할 때 칼빈의 구원론은 신자의 현실, 즉 그리스도인의 중생의 삶에 대해 설명하고 그 삶 가운데 꼭 붙들어야만 하는 하나님의 변함없는 은혜를 강조함으로써 믿음의 삶을 독려하기 위한 가르침이었다고 말할 수 있다.

11_"Fide nos regenerari; ubi de poenitentia" OS.4: 55. 니젤은『기독교강요』(1559) 3권에서 칼빈이 "중생"을 "칭의"에 앞서 논하는 것은 종교개혁 신학을 율법폐기론이라고 비판한 로마 가톨릭의 비난을 염두에 둔 선택이었다고 말한다. Wilhelm Niesel, *The Theology of Calvin*, 128.

12_Institutes, Preface. OS.3: 9.

2) 중생의 삶

칼빈의 구원론에 있어 가장 중요한 관심사는 신자가 살아가야 하는 중생의 삶의 기초와 동기 그리고 목적이었다. 칼빈이 신자의 중생에 일차적인 관심을 둔 이유는 중생에서 일어나는 일들을 먼저 이해해야만 인간 타락의 심각성과 하나님의 구원의 은혜를 올바르게 파악할 수 있다고 보았기 때문이다. 칼빈은 창조 시 주어진 하나님의 형상에 대해서는 타락한 인간 이성으로 파악할 수 없다고 말한다. "타락으로 하나님의 형상이 우리 안에서 파괴되었기 때문에 우리는 이 형상의 회복으로부터 그것이 본래 어떤 것이었는지 판단할 수 있다."[13] 본래 온전했던 하나님의 형상은 중생의 단계에서 하나님의 은혜로 무엇이 회복되었는지 살핌으로써 추정할 수 있을 뿐이다. "칭의"에 대한 바른 이해 역시 중생에 대한 바른 이해가 있어야만 가능하다. "[중생이라는] 이 제목을 올바르게 이해하면 사람이 믿음으로만 그리고 단순히 용서에 의해서만 의롭다는 인정을 받는 경위가 더욱 분명히 나타날 것이다."[14]

그렇다면 칼빈에게 중생의 삶을 살고 있는 신자의 모습은 어떤 것인가? 칼빈은 중생의 삶을 평생에 걸친 회개의 삶이라고 말한다. "그리스도인은 일평생 회개를 계속해야 한다."[15] 평생에 걸친 회개 곧 중

13_Comm. Gen. 1:26, CO.23: 26. 칼빈 주석의 라틴어 원문은 *Ioannis Calvini opera quae supersunt omnia*을 참조하며 약자 Comm에 이어서 성경의 영문 약자와 함께 장과 절을 표기한다.

14_Institutes, III.3.1, OS.4: 55.

15_Institutes, III.3.2, OS.4: 56.

생의 삶의 "유일한 목적은 아담의 범죄로 말미암아 어그러지고 거의 전부 말살된 하나님의 형상을 우리 안에 회복시키는 것이다."[16]

인간의 타락과 회복을 요약한 이 문장에서 칼빈은 타락한 인간 안에서 하나님의 형상이 "거의 전부 말살"되었다고 말한다. "거의"라는 제한적 표현에서 칼빈이 타락한 인류 안에 남아 있는 존엄의 근거와 이성의 일정한 가능성을 인정했음을 읽을 수 있다. 하나님의 형상은 타락 이후에도 여전히 남아 있으며 일반은총의 조력을 받아 작동하며 인간들 사이의 윤리적 가치를 담보한다. "첫째로 하나님의 형상은 여전히 남아 있어서 사람은 결코 작지 않은 존엄함을 소유한다."[17]

그러나 칼빈의 강조점은 "거의"가 아니라 "모두"에 있다. 타락 이후에도 남아 있는 인간 본연의 특징과 비교할 때 타락으로 인해 완전히 말살된 것은 인간을 창조하시고 보존하시는 하나님과의 합당한 관계와 그 은혜에 대한 인식이다. 따라서 중생의 과정을 거쳐 회복되어야 할 것은 하나님의 형상이 본래 가지고 있던 수직적 측면이며 하나님과의 관계적인 측면이다. "배신은 결코 가벼운 범죄가 아니며 가증스러운 사악함이다. 이로써 사람은 자신의 창조주의 권위로부터 돌이켰고 창조주를 거절하고 부인한 것이다. 게다가 이것은 단순한 배신이 아니라 하나님 그분에 대한 극악무도한 모욕과 비난과 결합되었다."[18]

16_Institutes, III.3.9, OS.4: 63.

17_Comm. Gen. 9:6, CO.23: 147.

18_Comm. Gen. 3:6, CO.23: 47.

신자의 삶은 영적 계발의 과정이 아니라 하나님의 형상이 회복되는 과정이다. 칼빈이 말하는 타락으로 파괴되었으나 중생의 과정에서 하나님의 은혜로 회복되어야 할 하나님의 형상은 인간 본연의 가치나 가능성이 아니다. 이 점과 관련해 칼빈은 바울 서신에서 구원받은 신자 안에 새로 조성된 새로운 자아를 일컫는 용어인 "새사람"에 주목한다.

> 아담은 먼저 하나님의 형상을 좇아 창조되었다. 그리고 거울과 같이 신적인 의를 비추었다. 그러나 그 형상은 죄로 인해 훼손되었고 이제는 그리스도 안에서 회복되어만 한다… 중생에 의해 설계된 계획은 우리가 그것을 위해 창조된 본래의 목적에서 얼마나 벗어나 있는지를 깨닫게 하는 것이다.[19]

신자들은 성령께서 자신들 안에 새로 조성하신 "새사람"을 스스로 소유하거나 "새사람"으로 인한 어떤 권리를 주장할 수 없다. 하나님의 형상은 본래 하나님과의 관계 속에서 그 본연의 의미를 갖는 것이며 신자들 안에 새롭게 창조된 "새사람" 역시 오직 은혜의 결과로서만 그 가치를 얻을 수 있고 존속할 수 있다.

믿음으로 말미암아 의롭게 여김을 받았고 그 안에 "새사람"이 만들어져 있음에도 불구하고 신자들이 일평생 회개를 계속해야 하는 이유는 그들 안에 여전히 "옛사람"이 남아 있기 때문이다. "새사람"과 대

19_Comm. Eph. 4:24, CO.51" 208–9.

조되는 "옛사람"은 신자 안에 여전히 남아 있는 죄의 본성이며 육신이다. "옛사람은 구약이 신약과 관련해 그렇게 불리는 것과 같다. 그러나 바울이 의미하는 것은 모태로부터 본성 전체이며, 그리고 하나님의 왕국에 너무도 합당하지 않아서 우리가 새로운 삶을 향해 중생할 때 죽어야만 하는 그 본성을 의미한다."[20] 옛사람 혹은 육신은 신자 안에서 이미 지배력을 상실했다. 성령께서 내주하시며 그 안에 새사람을 창조하셨기 때문이다. 그러나 새사람의 창조가 곧 신자의 완성을 의미하지 않는다. 옛사람은 여전히 신자 안에서 중생의 전 과정에 걸쳐 성화를 방해한다.

> 하나님께서는 그 백성을 중생시킴으로써 이 일을 참으로 실현하시며 그래서 죄의 지배는 소멸된다. 이는 신자들이 성령의 주시는 힘을 받아 죄에 대하여 우세하게 되며 드디어 싸움에서 이기기 때문이다. 그러나 죄는 지배력을 잃을 뿐이지 그것이 신자들 안에 거하지 않는 것은 아니다.[21]

신자는 남아 있는 "옛사람"을 스스로의 힘으로 절대 극복할 수 없다. 평생에 걸친 회개의 삶, 영적인 싸움은 오직 성령의 도우심을 통해서만 가능하다. 성령께서는 신자들 안에 "새사람"을 창조하실 뿐 아니라 이 새로운 본성이 "옛사람"과 싸워 이길 수 있도록 계속 힘을 불어넣어 주신다. "그러므로 이것은 명백한 선언으로서 우리가 하나님

20_Comm. Rom. 6:6, CO.49: 107.
21_Institutes, III.3.11, OS.4: 66.

의 자녀들이 되고 성령께서 이 두 번째 삶의 주권자가 되시기 위해 반드시 거듭나야 함을 말한다."[22]

칼빈은 그의 구원론에서 바로 이 중생의 과정에서 벌어지는 영적 투쟁에 집중한다. 칼빈은 로마서 7장이 말하는 "육신"을 "옛사람"으로 "영"을 "새사람"으로 이해한다.

> 육신이라는 용어에서는 인간이 모태로부터 가지고 온 모든 것을 포함한다. 그리고 육신은 그가 태어난 후 자신의 자연적 본성을 지니고 있는 한 그 사람이 어떤 존재인가를 일컫는 말이다. 즉, 사람은 타락해서 역겹고 세속적인 것 외에는 아무것도 맛보거나 욕구하지 않는다. 이와 반대로 "영"은 하나님께서는 자기 자신의 형상을 좇아 새롭게 하신 새롭게 된 본성이다.[23]

"영"과 "육신" 사이의 영적 투쟁은 오직 신자만이 겪는 영적 특징이다. 이 갈등과 투쟁이 없다면 신자가 아니다. "이와 같은 갈등은 사람이 하나님의 영으로 거듭나기 전에는 사람 안에 존재하지 않는다. 왜냐하면 인간 자신의 본성이 남아 있는 사람은 어떤 저항도 없이 전적

22_Comm. John 3:5, CO.47: 42.

23_Comm. Rom. 7:14, CO.49: 128. 여기에서 "육신"은 인간의 육체를 곧 의미하지 않는다. "육신"은 신자가 인간으로서 물려받은 자연적 본성 전체를 의미한다. 칼빈은 종종 플라톤적 이원론의 개념을 사용해 영혼과 구별되는 인간 육신을 "지상의 감옥"이라고 말한다. 그러나 육신에 대한 그의 부정적 언급은 육신을 영혼과 대조되는 죄의 원인이나 구원의 장애물로 삼기 위함이 아니다. 육신 역시 구원의 대상이다. "그러므로 우리 안에 죄가 아닌 부분은 전혀 없다는 결론이 나온다. 왜냐하면 회복은 각 부분과 모든 부분에서 이루어져야만 한다면 타락 역시 전체적으로 퍼져있음이 틀림없기 때문이다." Comm. John 3:3, CO.47: 63.

으로 자신의 탐욕과 함께 태어났기 때문이다."[24]

당시 로마 가톨릭은 이 영적 투쟁을 구원의 미완성이라고 가르치면서 구원의 완성을 위해서는 7성례로 대표되는 교회의 공인을 얻은 행위의 공로가 필수적이라고 가르쳤다. 그리고 만일 이생에서 공로가 충분하지 않게 되면 연옥에서 남은 죄책을 처리해야 한다고 가르쳤다. 면죄부(indulgence)의 판매는 이와 같은 왜곡된 구원론의 한 귀결이었다. 로마 가톨릭의 구원론을 반대하기 위해 루터가 제시한 "이신칭의" 교리는 자칫 오해하게 되면 신자의 삶에서 벌어지는 영적인 갈등을 간과해 버릴 위험이 있다.[25] 구약의 율법이 복음으로 인해 폐기되었다는 루터의 강조 역시 성도가 중생의 삶을 위해 규범으로 삼아야 할 하나님의 계명을 약화시킬 수 있었다.

칼빈은 신자가 경험하는 중생의 삶을 아담에게서 물려받은 인간 본연의 죄성과 성령의 은혜로 부여받은 새로운 본성 사이의 영적 전투라고 설명한다.

> 아담과 그리스도 두 사람 안에서 바울은 두 본성으로 불릴 수 있는 것을 우리에게 묘사한다. 우리가 처음 아담에게서 태어났기 때문에 아담으로부터 물려받은 우리 본성의 타락은 "옛사람"으로 불린다. 그리고 그리스도 안에

24_Comm. Rom. 7:15, CO.49: 129.

25_물론 루터의 구원론이 신자의 삶에서 벌어지는 영적 갈등이나 지속적 회개의 필요성을 간과하는 것은 아니다. 루터에게 있어서도 신자는 "의롭게 여김 받았지만 여전히 죄인"이다. 다만 루터는 신자의 삶에 대해 논의할 때에도 칭의의 은혜를 재강조하는 데 집중한다. Martin Luther, "갈라디아서 주석", John Dillenberger 편역, 『루터선집』, 이형기 역 (고양: CH북스, 2017), 160, 170, 180, 204, 210.

서 우리가 다시 태어났기 때문에 이 죄의 본성이 고쳐진 부분은 "새사람"
이라고 불린다.[26]

신자의 중생의 삶은 분열된 두 본성 사이의 치열한 갈등 속에서 평
생에 걸친 회개의 실천을 통해 하나님의 형상을 회복하고 드러내는
목적을 향한 점진적 과정이다. 칼빈은 로마서 7장이 묘사하는 영적 갈
등을 불신자의 갈등이 아니라 이미 중생한 신자의 삶으로 인식한다.[27]

> 달리 말해 하나님의 중생이 시작된 경건한 사람은 이렇게 분열되어 있다.
> 즉 한편으로는 마음 안에 최고의 소망으로서 하나님을 열망하고 천상의
> 의를 구하며, 죄를 미워한다. 그러나 다른 한편으로는 그들의 육신의 잔재
> 로 인해 땅으로 끌려 내려진다. 따라서 양방향으로 끌리면서 신자들은 자
> 기 자신의 본성과 싸우며 본성은 스스로에 대적하여 싸운다.[28]

이처럼 칼빈의 구원론은 가장 먼저 이미 구원을 받은 신자들이 자
기 안에서의 내적 분열 가운데 어떻게 하나님의 은혜로 중생의 삶을
살아갈 수 있는지에 큰 관심을 둔다. 따라서 칼빈의 구원론의 구조와
주요 주제들에 대한 이해는 신자의 삶의 현실과 그 현실 가운데 기억

26_ Comm. Eph.4:22, CO.51: 207.

27_ 16세기 종교개혁시대 로마서 7장에 대한 다양한 해석의 반드시 로마 가톨릭과 개신교 신학자들 사이의 구원
론의 차이는 아니었다. 개신교 신학자들 가운데에서도 7장의 갈등을 불신자의 갈등으로 해석한 경우가 있었
으며, 로마 가톨릭 진영에서도 7장을 신자들의 갈등으로 해석한 경우가 있었다. David C. Steinmetz, *Calvin
in Context* (Oxford: Oxford University Press, 1995), 110-121.

28_ Comm. Rom. 7:15, CO.49: 129-130. 신자의 삶에 대한 이와 같은 해석은 성도의 삶의 변화의 과정으
로 이해한 어거스틴이 전통적인 해석과 일치한다. R. Ward Holder, *John Calvin and the Grounding of
Interpretation: Calvin's First Commentaries* (Leiden: E. J. Brill, 2006), 228-9.

160 성경의 구원과 오늘의 한국교회

하고 실천해야 할 신자의 의무와 관련지어 논의해야 한다.

3. 칼빈 구원론에서 칭의와 성화, 그리고 그리스도와의 연합

1) 칭의와 성화의 구별

평생에 걸쳐 "새사람"과 "옛사람" 사이의 분열과 갈등을 겪는 것이 신자의 삶의 특징이라면 신자는 계속 불안 속에서 시달려야만 하는가? 신자는 과연 어떻게 자신의 구원을 확신할 수 있는가? 다른 한편, 신자는 무엇을 목적으로 삼고 어떤 모습으로 평생에 걸친 믿음의 경주와 회개의 싸움을 계속해야 하는가? 로마 가톨릭은 첫 두 질문에 대해 비성경적인 답을 강요했다. 루터파는 마지막 세 번째 질문에 대해 명확한 답을 주지 못했다. 칭의와 성화에 대한 칼빈의 논의는 이 두 가지 질문에 대한 정확하고 분명한 대답을 제시하려는 시도였다. 칼빈은 칭의와 성화를 포함한 구원의 전 과정에 걸쳐 인간의 공로나 반응이 아닌 예수 그리스도의 의를 전가하여 죄인을 의롭게 여기시고 만드시는 하나님의 은혜가 절대적임을 강조한다. 최근 칼빈 구원론에 대해 벌어지고 있는 논쟁 역시 칼빈이 제시한 이 대답을 통해 논쟁의 발전적 전개를 위한 실마리를 찾을 수 있다.

칼빈의 구원론에서 칭의와 성화의 관계를 설명할 때 가장 유용한 틀은 "구별되지만 분리되지 않는"(distictio sed non separatio)이라는 칼케돈

신조의 기독론적 형식이다.[29] 즉, 칼빈의 구원론에서 칭의와 성화는 하나님께서 이루시는 구원과 관련해 구별해 이해할 필요가 있지만, 결코 서로 분리될 수는 없는 두 측면이다.

칭의와 성화는 하나님의 구원 은혜의 실현 방식에 따라 구별된다. 이 구별은 본질적이라기보다는 성경이 가르치는 구원에 대한 바른 이해를 위해 필수적인 요청이다. 즉, 우리는 하나님의 구원의 은혜에 대해 이해하고 설명할 때 칭의와 성화의 각 측면에서 은혜가 실행되는 방식의 차이를 말해야 한다. 구원의 즉각적 측면인 칭의를 점진적 성화와 구별하지 못하여 만일 즉각적 칭의만 말하게 되면 율법폐기론의 방종에 빠질 수 있다. 반면 점진적 성화만 주장하게 되면 로마 가톨릭의 행위구원론의 위험에 처할 수 있다.

칭의는 구원의 즉각적(instantaneous) 측면이다. 칼빈은 법정적(forensic) 개념을 사용해 칭의를 정의한다. "그러므로 우리는 칭의를 간단히 설명해서 하나님께서 우리를 의인으로 받아주시며 은혜를 베풀어 주시는 것이라고 한다. 또 칭의는 죄를 용서하시는 것과 그리스도의 의를 우리에게 전가하는 것이라고 말한다."[30] 하나님께서 아무런 대가 요구 없이 죄인에게 예수 그리스도의 의를 전가하셔서 자신의 자녀로 삼아 주실 때 죄인은 즉각 하나님 앞에서 의롭게 여겨진다. "어떤 사람이

29_이하는 Yosep Kim, "The Identity and the Life of the Church," 54–59에서 제시한 개념과 분석을 발전시켜 적용한 내용이다.

30_Institutes, III.11.2, OS.4: 183.

죄인들과의 교제에서 풀려나고 하나님께서 그의 의를 증거하시며 확인해 주실 때, 그 사람은 하나님 앞에서 의롭다 함을 받는다.”[31] 칭의가 즉각적인 은혜라는 말은 이제는 그 누구도 하나님의 사랑에서 끊을 수 없다는 뜻이며 그 누구도 하나님의 자녀를 정죄하지 못한다는 의미이다.

그러나 칭의는 죄인이 자신의 믿음 때문에 의롭게 된다는 뜻은 아니다. 칭의의 유일한 근거는 그리스도의 의이다. 칭의에 동원되는 신자의 믿음은 그리스도의 의를 붙잡는 방편이다. “믿음 자체는 가치나 값이 없는 것이지만 그리스도로 인하여 우리를 의롭다고 할 수 있다.”[32] 칼빈은 그의 구원론에서 믿음이나 믿음의 외형적 결과들의 가치를 강조하지 않는다. 칭의에 있어 그리스도의 의와 비교할 때 믿음은 수동적 도구일 뿐이다. “칭의에 관해서 믿음은 수동적인 것에 불과하다. 믿는다고 해서 우리가 하나님의 은혜를 회복하는 일에 무엇을 기여하는 것이 아니다. 믿음은 우리에게 없는 것을 그리스도께로부터 받게 하는 것에 불과하다.”[33] 믿음은 삼위일체 하나님의 은혜의 산물이며 그 은혜가 믿음의 유일한 내용이다. “믿음은 우리에 대한 하나님의 선하심을 굳게 또 확실하게 아는 지식이며, 이 지식은 그리스도 안

31_Institutes, III.11.2, OS.4: 183.
32_Institutes, III.11.7, OS.4: 189. “행위에 의해서는 바르다는 증거를 받을 수 없는 사람이 신앙을 통해서 그리스도의 의를 붙잡아 그 의를 입고 하나님 앞에 나타날 때에, 즉 죄인으로서가 아니라 의로운 사람으로 나타날 때에, ‘믿음에 의하여’ 의롭다 함을 받는다고 말한다.” Institutes, III.11.2, OS.4: 183.
33_Institutes, III.13.5, OS.4: 220.

에서 값 없이 주신 약속의 신실성을 근거로 삼은 것이며, 성령을 통해서 우리의 지성에 계시되며 우리의 마음에 인친 바가 된다."[34]

따라서 성경이 가르치는 칭의의 진리를 통해 신자가 확신해야 할 것은 자신의 자격이나 자신의 믿음의 가치가 아니라 하나님께서 값 없이 전가해 주신 그리스도의 의이다.

> 성경에 의하면, 우리의 행위를 근거로 하는 약속은 흔들린다고 한다. 그러므로 의가 우리를 떠나든지 그렇지 않으면 행위를 문제로 삼지 않고 신앙만이 자리를 차지해야 한다. 신앙은 원래 눈을 감고 귀를 곤두세우는 것이다. 바꾸어 말하면, 약속만을 들으려고 애쓰며 사람의 가치와 공로는 전연 생각하려고 하지 않는다… 그리스도께서 하나님의 진노를 견디면서 수행하신 속죄 행위가 하나님의 노여우심을 풀었다는 확신 없는 사람은 언제나 떨고 있을 것이다. 요컨대 우리는 우리의 구속자이신 그리스도의 심한 고통에서만 우리의 평화를 찾아야 한다.[35]

즉각적인 칭의와 비교할 때 성화 혹은 중생은 점진적(progressive)이다. 칼빈은 "성화"(sanctification)를 거룩한 삶으로의 변화라고 말한다. "우리는 참으로 성화되는데 이는 율법에 순종하도록 우리의 마음이 갖추어져서 삶의 참된 거룩함으로 주께 성별되는 것이다."[36] 이처럼 성화의 과정이 평생에 걸쳐 점진적인 것은 이것이 하나님의 뜻이기

34_Institutes, III.2.7, OS.4: 16.
35_Institutes, III.13.4, OS.4: 219.
36_Institutes, III.14.19, OS.4: 228.

때문이다.

> 이와 같이 주께서는 생명의 기업을 받도록 양자로 삼으신 모든 사람을 완
> 전히 회복시키기를 기뻐하신다. 그리고 그 회복은 한순간이나 하루나 한
> 해에 이루어지는 것이 아니고 한평생이 필요하다. 하나님께서는 계속적으
> 로, 어떤 때에는 느린 걸음으로, 선택받은 사람들 속에서 육의 부패를 씻
> 어버리며, 그들의 죄책을 깨끗이 없애며, 그들을 성전으로 주께 바치게 하
> 신다. 그리고 그들의 온 마음을 새롭게 하여 진정한 순결에 이르게 하신
> 다. 그들이 평생을 통하여 회개를 실천하며 이 싸움은 죽음이 와야만 끝난
> 다는 것을 알게 하신다.[37]

성화의 점진적 특징을 분명히 이해하지 않는다면 신자는 평생 끊임
없이 자신 안의 죄와 싸워야 하는 삶의 현실과 하나님 앞에서의 영적
의무를 망각할 수 있다. 신자는 비록 하나님께서 값 없이 전가해 주신
예수 그리스도의 의로 인해 의롭다 여김을 확실히 받고 있지만, 여전
히 죄인이다. "그러나 그들은 육의 괴롭힘을 전연 느끼지 않으리만큼
완전한 자유를 소유하게 된 것은 아니다. 그들 안에는 싸워야 할 요소
가 여전히 남아 있어서 훈련이 계속된다. 그들은 훈련을 받을 뿐 아니
라 자기의 무력을 더욱 깨닫게 된다."[38] 만일 신자가 자신이 여전히 죄
인이라는 사실을 인정하지 않고 점진적 성화를 위한 은혜의 계속적
도움을 간절히 구하지 않는다면 이는 칭의나 믿음에 대한 심각한 오

37_Institutes, III.3.9, OS.4: 63-65.
38_Institutes, III.3.10, OS.4: 65.

해에 빠질 수 있다.

칼빈은 신자가 여전히 죄인이라고 말하는 데 있어 어거스틴과 기본적으로 동일한 입장을 가지고 있지만 한 가지 점에서는 차이가 있다고 주장한다.

> [어거스틴은] "연약"이라는 말로 부르는 것이 만족하고 이 '연약함'을 느끼는 일이나 그에 대한 불안 때문에 어떤 행동이나 동의가 뒤따를 때 즉 처음으로 나타난 강력한 경향에 의해 의지가 굴복할 때 한해서 그것이 죄가 된다고 가르친다. 그러나 우리는 사람이 하나님의 법에 반대되는 욕망의 충동을 느끼기만 해도 그것을 죄라고 생각한다. 참으로 우리는 우리 안에 이런 종류의 욕망이 생기게 하는 패악성 자체를 '죄'라고 부른다. 그러므로 우리는 성도들이 죽을 몸을 벗어버리기까지 항상 그들 안에 죄가 있다고 가르친다.[39]

이처럼 칼빈은 어거스틴보다도 강력한 어조로 신자는 여전히 죄인임을 주장한다. 신자에게는 여전히 하나님께서 주시는 성화의 은혜가 절대적으로 필요하다. 평생에 걸친 중생의 삶을 불가피하게 만드는 신자 안의 엄연한 죄를 무시하는 구원론은 칼빈이 볼 때 올바르지 않다.

칭의와 성화 즉 하나님의 구원의 은혜가 이루어내는 두 가지 측면을 각각 구별해서 이해하지 않으면 구원론은 오류에 빠질 수밖에 없다. 칭의를 망각한 채 성화에만 집중한다면 신자의 삶은 끊임없는 불

39_Institutes, III.3.10, OS.4: 65.

안에 흔들리게 된다. 성화를 간과한 채 칭의만 붙잡는다면 신자는 스스로 자만하여 착각 속에서 방종에 빠질 것이다. 칼빈의 구원론은 이두 가지 위험을 모두 방지하려 했다. 칼빈은 먼저 칭의가 즉각적으로 이루어진다는 성경의 가르침으로부터 신자가 성화의 삶 속에서 경험하는 영적인 갈등과 투쟁의 어려움 속에서도 하나님의 확실한 약속을확신하고 소망할 수 있다고 말한다.

> 이런 일[담대함과 확신]은 중생의 선물에 의하여 일어나는 것이 아님이 확실하다. 육신에 있는 동안 중생은 항상 불완전하며, 의심을 일으키는 각종 원인을 내포하였다. 그러므로 우리가 취해야 할 대책은 천국의 기업에 대한 신자들의 유일한 소망의 근거는 그리스도의 몸에 접붙임을 받아 값 없이 의롭다는 인정을 받는다는 사실에 있다는 것을 확신해야 한다는 것이다.[40]

다른 한편 성화가 점진적이라는 성경 진리의 확인이 중요한 것은 신자들이 거룩을 향한 변화가 평생에 걸친 과정임을 깨달을 때 하나님의 자녀로서 마땅한 삶의 자세와 목표를 좌절과 자만 없이 계속해나갈 수 있기 때문이다.

> 그러나 우리가 곧 할 일은 믿음에서 회개로 넘어가는 것이다. 이 제목을 올바르게 이해하면 사람이 믿음으로만 그리고 단순히 용서에 의해서만 의롭다는 인정을 받는 경위가 더욱 분명히 나타날 것이다. 그러나 거룩한 실생활은

40_Institutes, III.3.5, OS.4: 220.

값 없이 의롭다 하시는 일에서 분리될 수 없다. 그런데 회개가 항상 믿음을 따를 뿐 아니라 또한 믿음에서 생긴다는 것은 부정할 수 없는 사실이다.[41]

칼빈이 볼 때 16세기 당시 기독교 구원론은 두 가지 함정에 빠져 있었다. 한편으로 당시 로마 가톨릭의 구원론은 신자의 선행에 의한 의의 보충을 주장함으로써 성경이 명백히 가르치고 있는 칭의의 확실한 약속을 사실상 부정하고 있었다. 또 다른 한편 율법폐기론자들은 칭의의 확실함만을 외치면서 신자가 삶 가운데 평생 감당해야 할 회개의 의무를 무의미한 것으로 치부하고 있었다.[42] 칼빈이 제시했던 성경에 충실한 구원론의 목적은 모든 신자가 값 없이 주신 칭의의 은혜를 확신하면서 자신의 새로운 신분에 맞게 평생 믿음의 경주를 충실하게 감당하도록 격려하는 것이었다.

2) 칭의와 성화의 분리되지 않는 관계

칭의와 성화는 구별해야 할 구원의 두 측면이지만 실제로는 서로 분리되는 별개의 단계는 아니다. 칼빈은 『기독교강요』 여러 부분뿐 아니라 그의 주석에서도 칭의와 성화의 분리되지 않는 긴밀한 관계에

41_Institutes, III.3.1, OS.4: 55.

42_칼빈은 스스로 완전함을 주장하며 신자의 삶의 회개의 필요성을 부정하는 사람들을 비판했다. "현대의 어떤 재세례파 사람들은 영적 중생 대신 어떤 광적인 무절제를 불러일으킨다. 그들은 주장하기를 하나님의 자녀들은 순결한 상태로 회복되었으니 육의 정욕을 제어하는 데 부심할 필요가 없고 지도자인 성령을 따라야 하며 그의 인도를 받으면 결코 빗나갈 수 없다고 한다." Institutes, III.3.14, OS.4: 69.

대해 강조한다.[43] 칼빈에 의하면 칭의의 은혜는 반드시 성화의 삶을 살게 하며,[44] 성화의 은혜는 반드시 칭의의 은혜를 상기하게 한다.[45] 달리 말해 칭의의 은혜를 망각한다면 신자는 성화의 기초와 완성의 소망을 찾을 수 없다. 반면 성화의 은혜를 무시한다면 신자는 자신의 새로운 신분의 근거와 그 신분에 따른 목적을 상실하고 방종하게 된다.

칭의와 성화, 이 두 측면이 분리될 수 없는 근본적인 이유는 두 측면 모두 동일한 기초 위에서 이루어지는 은혜의 결과이기 때문이다. 그 기초는 은혜의 원천인 그리스도이다. "우리는 둘[의와 거룩함]을 구별하지만, 그리스도께서는 자신 안에 두 가지를 다 포함하시며 그 둘은 서로 뗄 수 없게 결합되어 있다… 그리스도께서 사람을 의롭게 하시면 반드시 동시에 거룩하게도 만드신다."[46] 하나님께서는 그리스도의 의와 거룩하심에 따라 신자에게 즉각적인 칭의의 은혜와 점진적인 성화의 은혜를 주신다.

43_Cf. Comm. Rom. 8:13, CO.47: 147; Comm. 1 Cor. 1:30, CO.50: 331.

44_"그러므로 그리스도로 인해, 하나님의 값없는 호의로 의롭게 되기를 구하는 사람은 이 점을 기억하도록 하자. 즉 이런 칭의는 동시에 그리스도를 성화를 위해 취하지 않고서는 얻을 수 없으며, 달리 말하자면 삶의 순결과 거룩함을 향해 새롭게 되지 않고서는 얻을 수 없다는 것이다. 그러나 우리가 마치 믿음에 의한 값없는 칭의를 가르침으로써 사람들을 선행으로부터 멀리하게 만든다는 듯 우리를 비난하는 자들은 이 말씀에 의해 충분히 반박된다. 이 말씀은 믿음은 그리스도 안에서 죄의 사람과 동일하게 중생을 취한다는 것을 내포한다." Comm. 1 Cor. 1:30, CO.49: 381.

45_"끝으로 나는 우리가 그리스도의 공로에 의해서만 의롭다 함을 얻는다는 교리에 첫 자리를 내주지 않는다면 공로를 지지하는 것은 아무 소용도 없다고 말하는 바이다. 의롭다 함은 그리스도의 공로를 믿음으로 붙잡음으로 얻는 것이지 우리 자신의 행위의 공로로 얻는 것이 아니다. 왜냐하면, 먼저 이 교리를 받아들인 사람이 아니라면 성화를 추구하기에 적당하지 못하기 때문이다." Institutes, III.16.3, OS.4: 252.

46_Institutes, III.16.1, OS.4: 249. 칼빈은 태양의 열과 빛을 비율로 사용해 그리스도께서 칭의와 성화 모두의 유일하며 공통된 기초임을 설명한다. "그리스도를 두 부분으로 나눌 수 없는 것과 같이 그의 안에 있는 두 속성 즉 의와 거룩하심도 서로 분리시킬 수 없다… 태양은 그 열에 의해서 땅에 생명과 열매를 주며 그 광선에 의해서 땅을 비추며 밝게 한다. 이에는 서로 뗄 수 없는 관련이 있다." Institutes, III.11.6, OS.4: 187.

관대하신 하나님께서 그리스도를 우리에게 주셨다. 이는 우리가 신앙으로 그를 붙잡고 소유하시도록 하시려는 것이다. 그리스도와 함께함으로써 우리는 주로 이중의 은혜를 받는다. 첫째는 무죄하신 그리스도를 통하여 하나님과 화해함으로써 우리가 하늘의 심판자 대신 은혜로운 아버지를 소유할 수 있다. 둘째는 그리스도의 영에 의하여 성화됨으로써 우리는 흠 없고 순결한 생활을 신장할 수 있다.[47]

신자의 칭의를 위해 그리스도께서는 신자와 연합해 자신의 의를 전가해 주신다. "그러므로 머리와 지체들과의 결합 즉 우리의 마음속에 그리스도가 내주하심을 간단히 말하면 신비로운 연합을 우리는 최고로 중요시한다. 그리스도는 우리의 소유자가 되심으로써 그가 받은 선물을 우리도 나누어 갖게 하신다."[48] 거룩의 과정 속에서 신자가 회개하며 순종하는 것 역시 그리스도께의 죽음의 효력 때문이다. "이는 그리스도께서 하나님과 우리를 화해시키는 영원한 중보이시기 때문이다. 그리스도의 죽음은 영원한 효력을 나타낸다. 즉 정화와 보속과 속죄와 끝으로 우리의 모든 불의를 가리는 완전한 순종을 실현할 수 있다."[49]

47_Institutes, III.11.1, OS.4: 182. 칼빈의 갈라디아서 2장 20절 주석을 이 점을 다음과 같이 더 명확하게 설명한다. "그리스도께서는 우리 안에 두 가지 방향으로 사신다. 한 가지 삶은 자신의 영으로 우리를 통치하시고 우리의 모든 행위들을 지도하심으로써 이루어진다. 다른 한 가지 삶은 우리가 자신의 의에 동참하게 하심으로써 우리가 스스로 아무것도 할 수 없지만, 하나님 앞에서 받아들여지게 하심으로써 이루어진다. 첫 번째 삶은 중생에 관련한 것이며 두 번째 삶은 값 없이 주시는 은혜로 인한 칭의에 관련한 것이다." Comm. Gal. 2:20, CO.50: 199.

48_Institutes, III.11.10, OS.4: 191.

49_Institutes, III.14.11, "Manet enim perpetuo mediator Christus, qui Patrem nobis reconciliet ac perpetua est mortis eius efficacia: nempe ablutio, satisfactio, expiatio, perfecta denique obedientia, qua iniquitates omnes nostrae congeguntur." OS.4: 231.

칭의와 성화의 대조 혹은 양 측면 사이의 우선성을 따지는 것은 칼빈에게 낯선 일이다. 칼빈의 구원론에 있어 칭의와 성화의 우선성을 둘러싼 최근의 논쟁은 그 신학적 의의에도 불구하고 자칫 칼빈의 의도를 벗어나 오용할 위험성이 있다. 칼빈은 칭의와 성화에 대한 설명 모두에서 항상 공통의 기초인 그리스도를 부각시키려 최선을 다했다. 칭의에서 부각되는 믿음이나 성화에서 부각되는 회개 혹은 선행이 칼빈의 구원론의 강조점이 아니다. "오직 은혜로"(sola gratia)가 "오직 믿음으로"(sola fide)의 기초이며 "오직 그리스도께서"(solus Christus)가 "오직 은혜로"의 내용이며 주제이다. "오직 믿음으로"의 원리는 그 자체로 큰 의미가 없다. "오직 은혜로"의 원리는 어떤 다른 은혜를 말하고자 함이 아니다. 이 대표적인 두 종교개혁의 원리는 결국 구원에 있어 인간 편에서 행하는 모든 공로와 하나님께서 신자들에게 전가해 주신 그리스도의 의를 대조하여 하나님의 은혜를 강조하려는 원리이다.

> 그러나 성경은 믿음에 의한 의에 대해서 이와는 훨씬 다르게 가르친다. 즉 우리 자신의 행위를 보지 말고 하나님의 자비와 그리스도의 완전성만을 보라고 한다… 그는 비록 하나님의 영에 의해서 중생하였으나 그가 받을 영원한 의는 그가 원하는 선행에 있는 것이 아니라 다만 그리스도의 의 안에 장만되어 있다고 생각한다.[50]

50_Institutes, III.11.16, OS.4: 200.

칼빈뿐 아니라 16세기 종교개혁자들이 "이신칭의"(sola fide) 교리를 통해 말하려 했던 것은 행위와 대조되는 믿음이 아니었다. "이신칭의" 구원론은 믿음이 아니라 참된 믿음의 주인 그리스도를 강조하는 데 목적이 있었다. 따라서 아무리 대단한 믿음이라 할지라도 구원하는 참 믿음의 유일한 내용인 하나님의 은혜에 대한 정확한 이해가 결여된 채로 믿음 자체만의 공로를 주장하게 된다면 그 역시 "이신칭의" 교리에 대한 위반이다.[51]

성화와 관련해 신자의 거룩한 변화의 가능성과 그 실현 과정은 전적으로 그리스도에게 의존한다. 그리스도의 구속적 공로만이 성화의 유일한 원천이다. "따라서 우리는 그리스도의 은혜로써 얻은 중생에 의해 아담 때문에 잃었던 하나님의 의를 회복하게 된다."[52] 칼빈은 중생의 삶이 죽임(mortification)과 살림(vivification)으로 구성된다고 말한다. 죽임이란 "죄를 인식하며 하나님의 심판을 알게 된 영혼이 슬퍼하며 무서워하는 것"이다.[53] "살림"은 "거룩하신 성령이 우리의 영혼을 감화시키며 우리의 영혼이 새로운 생각과 새로운 감정으로 그리스도의 거룩함에 깊이 잠길 때 우리의 영혼이 참으로 새로워지는 것이다."[54]

51_"그래서 [참] 믿음은 사람이 그리스도의 은혜들로 가득 채워질 수 있도록 사람은 하나님 앞에 빈 모습으로 서게 한다." Comm. Eph. 2:8 CO.51: 165.

52_Institutes, III.3.9, OS.4: 64.

53_Institutes, III.3.3, OS.4: 57. 칼빈은 신자가 마땅히 행해야 할 회개를 성경이 "죽임"이라는 강한 언어로 가르친 것은 우리가 이전의 성질을 잊어버리고 자신을 부인하기가 얼마나 어려운 것인가를 경고하기 위함이라고 해석한다. Institutes, III.3.8. OS.4: 62–63.

54_Institutes, III.3.8, OS.4: 62.

칼빈은 죽임과 살림으로 이루어지는 중생의 삶에 있어 그리스도와 함께함이 유일한 기초임을 설명하기 위해 세례가 확증하는 "죽음"과 "부활"의 표상을 사용한다.

> 이는 우리가 참으로 그리스도의 죽음에 동참한다면 "우리 옛사람이 예수와 함께 십자가에 못 박힌 것은 죄의 몸이 멸하여"(롬 6:6) 썩은 본성이 마음대로 힘을 쓸 수 없게 되기 때문이다. 우리가 그의 부활에 참가한다면 우리는 그 부활의 힘으로 부활하여 새로운 생명을 얻으며 하나님의 의에 합당하게 된다.[55]

칼빈은 종교개혁의 이신칭의 교리가 행위의 공로와 대비해 바른 믿음을 강조해야 하지만, 이 강조가 구원의 유일한 근거이신 예수 그리스도의 은혜를 침해해서는 안 된다고 경고한다.

> 올바로 말하면 우리는 하나님만이 의롭다 하실 수 있다고 주장한다. 다음에 그리스도를 우리의 의로써 우리에게 주셨기 때문에 우리는 의롭다 하는 기능을 그리스도에게 옮긴다. 우리는 믿음을 일종의 그릇에 비교한다. 빈 영혼 즉 입을 벌린 영혼으로 그리스도의 은혜를 구하지 아니하면 그리스도를 받아들일 수 없다. 그러므로 그리스도의 의를 받기 위해 믿음으로 그를 받아들인다고 우리가 가르치는 것이 의롭다 하는 권한을 그리스도부터 빼앗는 것이 아니다.[56]

55_Institutes, III.3.9, OS.4: 63.
56_Institutes, III.11.7, OS.4: 188.

칭의론에서 "믿음"을 수단으로 규정하는 칼빈의 의도는 성화론에서 칼빈이 "회개"를 어떻게 이해했는지를 파악하는 데에도 중요한 의미를 지닌다. 성화의 삶, 평생의 회개로 이루어지는 중생의 과정 역시 선행이나 회개의 공로로 이루어지는 인간의 영적 계발이 아니다. "그러나 이런 조건은 우리의 회개가 근거가 되어 우리가 죄의 용서를 받을 자격이 생긴다는 뜻이 아니다."[57] 회개의 삶 전체 과정 역시 하나님의 은혜이며 그 은혜는 신자들과 함께 계시는 그리스도로부터만 말미암는다.

성화를 위해 요구되는 "회개" 역시 그 자체로 어떤 공로를 주장할 수 없다. 회개 역시 하나님께서 주시는 은혜의 선물이다. "그뿐 아니라 회개는 하나님께서 주시는 특별한 선물이다… 바울은… 하나님께서 그들에게 회개하는 마음을 주셔서 그들이 마귀의 올무에서 벗어나게 되는 것이라고 말한다"(딤후 2:25-26).[58]

칼빈은 신자의 행위와 관련해 우리와 연합한 그리스도의 공로에 대해 다음과 같이 말한다. "우리가 그리스도께 접붙임을 받을 때에 그리스도의 무죄로 우리의 불의가 덮여지기 때문에 하나님 앞에서 우리 자신이 의롭게 되는 것과 같이 우리의 행위도 모든 허물이 그리스도의 순결로 묻혀 버리며 우리에게 책임이 돌려지지 않기 때문에 의롭고 또 의롭다 인정받는다."[59] 칼빈은 이 진술에서 신자의 행위가 부여

57_Institutes, III.3.20, OS.4: 77.
58_Institutes, III.3.21, OS.4: 78.
59_Institutes, III.17.10, OS.4: 263.

받는 의로움에 대해서 말한다. 그러나 주의해야 할 것은 칭의 이후에 행하는 신자들의 행위가 신자를 더욱 의롭게 하는 것이라고는 말하지 않는다는 점이다. 먼저 믿음으로 의롭다 여김을 받고, 그 이후에는 선행을 통해 추가로 의로움을 추가한다는 식의 "이중칭의"는 칼빈의 구원론에 존재하지 않는다. 구원 이전이나 이후나 우리의 행위는 의와 구원에 아무런 공로가 없다. 다만 하나님께서 예수 그리스도의 의를 보시고 죄인을 양자로 삼으신 후, 자기 자녀들의 부족하고 자격 없는 행위도 칭의의 의에 근거하여 의롭게 여기시고 상을 주신다. 따라서 성화의 과정에서 신자가 행하는 선행의 공로는 여전히 전적으로 의존적이다. 신자의 행위는 회개이든 선행이든 그 자체로는 아무런 가치가 없다.[60]

칭의와 성화의 분리될 수 없는 관계에 대해 말할 때 칼빈은 항상 두 측면의 공통된 기초인 그리스도의 은혜를 강조한다. 칭의론은 믿음을 강조하려는 교리가 아니라 하나님께서 값 없이 죄인들을 의인으로 삼아 주시기 위해 전가하신 그리스도의 의를 강조하는 교리이다. 성화론 역시 회개나 선행을 강조하려는 교리가 아니라 거룩과 성결의 근본이자 목표로서 우리와 함께 계시는 그리스도의 온전하심을 선명히 드러내는 교리이다. 따라서 칭의와 성화를 논의하면서 신자의 믿음이

60_ "[요한복음 15장 1절에 나오는 포도나무 비유에서] 이 비교는 이런 의미이다. 즉 우리가 그리스도 안에 접붙여 있어서 우리 안에서는 전혀 나올 수 없고 그분께로부터만 흘러나오는 새로운 힘을 얻는 경우 외에는 우리가 본성적으로 황량하고 메말라 있다는 것이다." Comm. John 15:1, CO.47: 339.

나 삶의 선행에 주목하는 것은 칼빈의 의도가 아니다. 그리스도의 의를 전가해 주시고 그리스도의 거룩함까지 우리를 이끄시는 하나님의 은혜 앞에서 칭의와 성화를 분리해 말하는 것은 가능하지 않다. 칭의와 성화는 동일한 원천에서 나오는 은혜의 구별되는 시행 방식일 뿐이다.

칼빈의 구원론에서 칭의와 성화의 관계를 둘러싼 최근의 신학적 논의뿐 아니라 현실적 적용 혹은 교회의 가르침을 위한 논의는 이 점을 잘 기억해야 한다. 그러므로 구원의 가르침과 그 실천은 항상 초점은 "우리"가 아닌 "하나님"께 맞추어야 한다. 신자의 믿음이나 교회가 이루어낸 개혁의 결과물들 자체를 자랑하는 것은 칼빈의 구원론이나 종교개혁 신학에 부합하지 않는다. 비단 칼빈의 권위 있는 가르침이기 때문이 아니라 성경이 구원에 있어 요청되는 신자의 믿음이나 회개보다는 구원 역사 전체를 계획하고 성취하시며 시행하시는 하나님의 주권적 은혜를 강조하기 때문이다. 자랑은 모두 그리스도 안에서 이루어져야 하며 모두 그리스도를 자랑하기 위한 것이어야 한다. "자랑하는 자는 주 안에서 자랑할지니라."(고후 10:17)

3) 그리스도와의 연합

칼빈의 구원론에 있어서 칭의와 성화의 논리적 동등성을 주장하는 해석자들은 "그리스도와 연합"이 칼빈의 구원론에서 핵심 주제이며 그가 이 연합 위에서 동시에 일어나는 칭의와 성화를 설명하려 했다고 주장한다.[61] 실제로 『기독교강요』(1559) 3권은 그리스도와의 연합을 가장 먼저 설명한다. "아버지에게서 받으신 것을 우리에게 나눠주시기 위해서는 그가 우리의 것이 되며 우리 안에 계셔야 했다… 우리가 그와 한 몸이 되기까지는 그가 가지신 것이 우리와 아무 상관도 없기 때문이다."[62] 특히 칭의, 즉 그리스도의 의가 우리에게 즉각 전가되는 것은 그리스도께서 우리와 연합하시기 때문이다. "그러므로 우리가 우리 밖에 계신 그리스도를 멀리서 바라봄으로써 그의 의가 우리에게 전가되는 것이 아니라 그를 옷 입으며 그의 몸에 접붙여지기 때문에, 간단히 말해서 그가 우리를 자기와 하나로 만드시기 때문에 그의 의가 우리에게 전가된다."[63]

칼빈 구원론의 일관된 강조와 관련해 그가 말하는 그리스도와의 연합에 대한 두 가지 점을 주의할 필요가 있다. 첫째, 칼빈이 말하는 "그리스도와의 연합"은 인간의 존재론적인 변화가 아닌 온전한 관계의 회복을 의미한다. 둘째, "그리스도와의 연합"은 그리스도와 인간 사이의 합의가 아니라 전적인 성령의 역사이다.

첫째 논지와 관련해 칼빈이 『기독교강요』에서 오시안더의 "본질적 의"(essential righteousness)를 강력하게 비판하고 있음을 주목해야 한

61_Garcia는 "그리스도와의 연합"이 칼빈 구원론의 중심이었다는 점이 그를 "칭의"를 중심으로 삼은 루터나 멜란히톤과 구별하는 가장 중요한 특징이라고 주장한다. Mark A. Garcia, *Life in Christ*, 235.

62_Institutes, III.3.1, OS.4: 1.

63_Institutes, III.11.10, OS.4: 191.

다.[64] 오시안더에 대한 비판은 기본적으로 그가 주장한 "본질적 의"의 개념이 칭의의 법정적이며 선언적 측면을 왜곡시킬 수 있다는 우려에 따른 것이다. 그러나 칼빈의 비판은 궁극적으로는 오시안더의 주장이 칭의론의 관심을 의의 원천이신 그리스도에게서 의의 수여자인 인간에게로 옮겨 버릴 수 있다는 비판의식 때문이었다.

칼빈에 따르면 오시안더는 믿음에 의한 칭의를 말하면서도 우리가 의롭게 된 것은 그리스도의 대속적 의의 전가 때문만이 아니라 그리스도의 신성이 우리 안에 본질적인 의로 주입되었기 때문이라고 주장했다.

> 오시안더가 두 가지 은혜를 혼동하는 데에는 그와 비슷한 불합리성이 있다. 하나님께서는 의를 보존하시기 위하여 값 없이 의롭다고 간주하신 사람들을 새롭게 하시기 때문에 오시안더는 이 중생의 선물과 값 없이 용납하심을 혼합해서 이 둘은 하나요, 같은 것이라고 주장한다. 그러나 성경은 이 두 가지를 연결시키면서도 따로따로 기록하여 하나님의 여러 가지 은혜가 우리에게 더 잘 보이게 한다.[65]

64_칭의론과 관련한 오시안더에 대한 칼빈의 비판은 1559년 라틴어 최종판에서 첨가되었다. 칼빈은 루터파 신학자인 오시안더(Andreas Osiander, 1498–1552)에 대한 비판은 『기독교강요』 1권에서 창조 시 인간에게 주어진 하나님의 형상에 대한 오류에 대한 비판과, 2권에서 그리스도의 형상을 따라 그의 지체인 신자들 안에서 회복될 하나님의 형상의 본질에 대한 오시안더의 주장에 대한 비판, 그리고 3권에서 칭의론과 관련한 오시안더의 주장에 대한 비판으로 나타난다. 칼빈에 의하면 오시안더는 인간 안에 있었던 하나님의 형상이 그리스도의 신적인 의의 주입을 통해 본질적으로 회복을 구원이라고 보았기 때문에 아담의 타락이 없었다 하더라도 그리스도께서 성육신하셨을 것이라고 주장했다. Institutes, I.15.3, OS.4: 178; II.12.5–7, OS.3: 442–447. 칼빈의 오시안더에 대한 비판과 그 평가에 대해서는 Yosep Kim, *The Identity and the Life of the Church*, 58, 66 참조.

65_Institutes, III.11.6, OS.4: 187.

칼빈이 보기에 이런 주장은 결국 칭의와 성화를 구별하지 못한 오류의 결과이다. 그리고 이 혼동은 칭의에 있어 신자 자신이 갖는 가능성과 공로를 인정하여 하나님의 은혜만을 구원의 공로와 근거로 주장했던 종교개혁 구원론의 근본원리를 침해했다. 오시안더는 중생에 있어서 인간의 공로를 긍정하는 것으로 보았다. 칼빈은 이에 반대하여 중생 혹은 성화 역시도 전적인 하나님의 은혜에 근거한 과정임을 강조하려 했다. 칭의에 있어 요청되는 신자의 믿음과 성화에 있어 요구되는 신자의 지속적인 회개는 모두 하나님께서 허락하시는 은혜의 도구이지 칭의와 성화를 성취해 내는 조건이나 공로가 아니다.

> 이에 우리는 성도들이 행위를 의지하지 않으며 아무것도 행위의 공로에 돌리지 않는다는 것을 알았다. 그들의 행위는 오직 하나님의 선을 인식시키는 하나님의 선물이며 자기들이 선택된 것을 알게 하는 부르심의 표징이라고 여길 뿐이다. 또 그들이 행위를 믿고 우리가 그리스도 안에서 값 없이 얻는 의를 조금이라도 멸시하는 일이 없다는 것을 우리는 알았다. 그것은 행위에 대한 확신은 값 없이 받은 의를 의존하며 그 의가 없으면 그 확신도 있을 수 없기 때문이다.[66]

칼빈은 그리스도와 연합을 신적 본질의 주입을 위한 기제로 삼고 이를 바탕으로 인간의 죄성뿐 아니라 피조성 자체를 극복하려는 오시안더의 구원론을 강력하게 거부한다. 신자의 삶에서 그리스도와 연합

66_Institutes, III.14.20, OS.4: 238.

하여 이루어지는 성화는 인간의 본성이 피조성을 극복하고 신성에 다다르는 본질의 변화가 아니다.

그리스도와 연합한 성화의 과정을 거쳐 완성된 신자는 피조성을 벗어버리고 신화(deification)되지 않는다. 성화의 완성은 자기 자녀들을 온전한 관계 가운데 회복시키려 하시는 하나님의 뜻이 성취되는 것이다.

> 또 바울이 하나님의 형상의 회복에 관해 이야기했을 때 우리는 그의 말에서 인간은 본질의 유입에 의해서가 아니라 성령의 은혜와 권능으로 말미암은 하나님의 형상을 따라 지음을 받았다는 것을 명백하게 추론할 수 있다… 이 성령은 확실히 우리 안에서 일하시되 우리를 하나님과 동일 본질로 만드시지는 않는다.[67]

같은 이해를 따라 칼빈의 구원론에서 성화의 완성은 인간 본질의 변화라기보다는 하나님께서 뜻하셔서 창조 시 부여하신 하나님과 인간 사이의 합당한 관계의 회복이다. "그러나 이 본문에서 질문은 사람의 본성, 즉 마음과 의지와 모든 감각들이 신적 질서를 반영함으로써 특별히 빛났던 하나님의 영광에 대한 것이다."[68] 구원의 궁극적인 목적은 구원의 창시자이신 하나님의 영광을 온전히 드러내는 것이다. "성경은 도처에서 우리가 영생을 얻는 동력인은 하늘 아버지의 자비

67_Institutes, I.15.5, OS.3: 182.

68_Institutes, I.15.4, OS.3: 179. "지금 우리는 그리스도야말로 하나님의 가장 완전하신 형상이라는 것을 알게 된다. 우리가 그 형상과 같게 될 때 우리도 그와 같이 회복되어 참된 경건, 의, 순결, 지성에 이르기까지 하나님의 형상을 지니게 된다." Institutes, I.15.4, OS.3: 180.

와 거저 주시는 사랑이라고 선언한다… 목적인에 관해서는, 사도는 하나님의 공의를 나타내며 하나님의 인애를 찬양하는 것이라고 증거한다."[69]

둘째, 그리스도와 연합은 철저하게 성령의 사역이다. 즉 이 연합과 그 연합으로 주어지는 모든 구원의 은혜는 성령의 사역에 의존한다.

> 그러나 복음을 통해서 제시된 것, 그리스도와의 친교를 모든 사람이 무차별하게 받아들이는 것이 아님을 볼 때에 우리는 더 높은 견지에서 성령의 신비로운 역사를 검토하는 것이 사리에 닿는 일일 것이다. 왜냐하면, 우리는 성령의 작용에 의해서 그리스도와 그의 모든 유익을 누리기 때문이다.[70]

성령은 그리스도와 신자를 연합시키는 끈이다.[71] 먼저 성령은 "믿음의 저자"이시다. "우리가 그리스도를 영접하고 그럼으로써 그의 은혜를 우리에게 적용받는 것은 믿음에 의해서이다. 그리고 믿음의 저자는 성령이시다."[72] 특히 칭의에 있어 그리스도의 의를 믿음으로 받게 하는 것은 인간 자신의 능력이 아니라 오직 성령의 사역이다. 성화를 위한 중생의 과정 속에서도 신자를 거룩하게 바꾸어가는 것은 신

69_ 여기에서 칼빈은 흥미롭게도 아리스토텔레스의 4원인설을 활용해 구원의 원인들을 설명한다. 동력인은 하나님의 자비이며, 질료인은 그리스도이고, 형상인은 믿음이고, 목적인은 하나님의 영광이다. Institutes, III.14.17, OS.4: 235.

70_Institutes, III.1.1, OS.3: 1.

71_ "그러나 그리스도께서는 성령으로만 우리와 결합하신다. 같은 은혜와 힘에 의해서 우리는 그리스도의 지체가 되며 그리스도께서도 우리를 그의 아래 두시며 우리는 그리스도를 소유하게 된다." Institutes, III.1.3, OS.4: 5.

72_Comm. 1 Cor. 6:11, CO.49: 395.

자 자신의 노력이 아니라 전적으로 성령의 조명과 갱신의 은혜이다. 성령은 무지한 신자의 마음을 조명하셔서 하나님의 뜻을 깨닫게 하신다. "성령께서 우리의 내면적 교사가 되어 우리의 마음을 인도하시지 않는다면 그리스도를 전파하더라도 아무런 소득이 없다. 그러므로 아버지의 음성을 듣고 아버지께로부터 배운 사람들만이 그리스도께로 온다."[73] 또 성령은 신자의 연약한 믿음을 끊임없이 다시 불러일으키셔서 의의 열매를 맺게 하신다. "성령께서는 사람들에게 은혜를 시냇물 같이 부으시고 그들의 생기를 회복하며 강하게 키우시기 때문에 '기름'과 '기름부음'이라는 이름을 얻으셨다."[74] 이런 의미에서 칼빈은 성령을 "중생의 영"이라고 부른다.

칭의와 성화 각 측면에 걸쳐 일하시는 성령의 사역에 대한 칼빈의 설명은 하나님이 베푸시는 은혜의 주권을 강조하고 그 은혜와 비교할 때 아무런 공로와 자격을 주장할 수 없는 인간의 전적 무능과 무지를 대조한다.

> 하나님께서는 그리스도의 의의 중재에 의해서 우리를 자신과 화해시키며, 죄를 거저 사해 주심으로써 우리를 의롭다고 인정하신다. 동시에 하나님의 이 은혜는 큰 자비와 연결되는 데 이 자비란 하나님께서 성령을 통하여 우리 안에 계시며 그 힘으로 우리의 정욕을 날로 더욱 죽이시는 것이다. 참

73_Institutes, II.2.20, OS.3: 262.
74_Institutes, III.1.3, OS.3: 4.

으로 우리는 성결케 된다.[75]

칭의와 성화에 있어 신자가 마땅히 실천해야 할 행위는 분명하다. 칭의의 측면에서 신자는 성령의 조명으로 깨닫게 하신 구원의 복음을 믿고 예수 그리스도를 영접해야 한다. "우리는 선행이 없는 믿음이나 선행이 없이 성립하는 칭의를 꿈꾸는 것이 아니기 때문이다. 중요한 것은 한 가지 뿐이다. 곧 믿음과 선행은 굳게 결합되어야 한다는 것을 인정하면서도 우리는 여전히 칭의는 행위에 있지 않고 믿음에 있다고 주장하는 것이다."[76] 성화의 측면에서 신자는 성령의 인도하심에 따라 자기 자신을 부인하고 육신을 죽임으로써 자기 안에 그리스도께서 사심으로써 하나님께 영광을 돌려야 한다. "그러므로 가장 중요한 일은 우리가 하나님에게 성별되며 바쳐져서 이제부터는 그의 영광만을 위해 생각하고 말하며 명상하며 행동하는 것이다."[77] 성령께서는 죄인을 감동시켜 믿음으로 이끄시며 신자를 감화하여 회개하게 하신다. 신자의 행위는 이 은혜에 대한 반응이며 하나님을 향한 순종이지 공로나 조건이 아니다. 믿음에 의해 그리스도의 의를 전가 받게 되며 회개에 의해 그리스도의 거룩하심을 닮아가게 된다. 구원이 믿음과 회개를

75_Institutes, III.14.9, OS.4: 228.
76_Institutes, III.16.1, OS.4: 248.
77_Institutes, III.7.1, OS.4: 151. "우리는 우리 자신의 것이 아니다. 그러므로 우리의 이성이나 의지가 우리의 계획과 행동을 지배하지 못하게 하라. 우리는 우리 자신의 것이 아니다. 그러므로 우리의 육을 따라 우리의 유익을 구하는 것을 목표로 삼지 말라. 우리는 우리 자신의 것이 아니다. 그러므로 할 수 있는 대로 우리 자신과 우리의 전 소유를 잊어버리라."

통해 이루어지게 하는 것은 이것이 하나님의 뜻이기 때문이다. 신자의 순종에는 상이 있다. 그러나 이 상은 보상이 아니라 자기의 자녀에게 주시는 하나님 아버지의 선물일 뿐이다.[78]

결론적으로 칼빈이 말하는 "그리스도와의 연합"의 관심사는 이 연합 가운데 새롭게 획득된 신자의 형편이나 조건 혹은 이 연합을 보존하기 위해 신자가 지켜야만 하는 윤리적 실천의 가치 부여가 아니다. 칼빈은 이 주제와 관련해서도 변함없이 "연합"의 주체와 대상, 그리고 결속이신 삼위 하나님의 주권적인 은혜를 강조한다. 그리고 이 은혜를 강조함으로써 신자의 삶에서 이루어져야 할 선행의 진정한 동기를 제공하려 했다.[79]

4. 맺음말: 칼빈 구원론의 실천적 의의

칼빈의 구원론이 가지고 있는 구조적 특징에 대해 논할 때 칭의와 성화의 구별되지만 분리되지 않는 긴밀한 관계, 그리고 그 관계의 공통 근거로서 제시되는 그리스도와의 연합의 중요성에 대해서는 학자들 사이에 큰 이견이 없다. 그러나 칼빈 구원론의 구조에 대한 최근의

78_ "하나님께서는 그가 매일 우리에게 베풀어 주시는 선물을 사랑하시지만, 그 선물들의 근원은 선택에 있으므로 우리로서는 값 없이 우리를 용납해주시는 것을 잊지 않아야 한다. 그렇게 하는 것만이 우리의 영혼을 지탱할 수 있다." Institutes, III.14.21, OS.4:

79_ "사람을 정녕 자극해야 한다면 우리가 구속과 부르심을 받은 목적을 생각하는 것보다 더 강한 자극을 줄 수 있는 것은 없을 것이다… 우리가 받은 것은 거룩한 부르심이며 그 요구하는 것은 순결한 생활이요 그 이하의 것이 아니다. 우리가 죄에서 해방된 목적은 의에 순종하려는 것이다." Institutes, III.16.2, OS.4: 249–250.

신학적 논란은 칭의와 성화의 구별이 더 중요한가 아니면 비분리적 관계가 중요한가의 논의이며 칭의가 연합과 성화의 논리적 근거인가 연합이 칭의와 성화의 논리적 근거인가를 둘러싼 해석의 차이이다.[80]

필자는 칼빈의 구원론을 해석하는 어떤 또 다른 신학적 도식을 제시하거나 지금 벌어지고 있는 해석상의 논쟁을 해결하기보다는 칼빈의 구원론이 일관되게 강조하는 목적에 충실할 것을 제안한다. 칼빈은 그의 구원론에서 구원의 대상인 인간보다는 구원의 주도자인 삼위일체 하나님의 주권적 은혜에 주목한다. 그의 주된 관심사는 구원을 통해 이루어지는 인간의 변화가 아니다. 칼빈의 구원론의 주제는 자신과 원수가 된 죄인을 먼저 사랑하시고 값 없이 부르셔서 독생자 그리스도의 의를 전가시켜 자녀로 삼으시고, 그럼에도 불구하고 여전히 죄인인 신자들을 포기하지 않고 성령의 조명과 역사로 끊임없이 거룩하게 빚어 가시는 하나님의 은혜이다. 하나님의 구원하시는 은혜 앞에 칭의를 내세우며 신자의 권리를 주장하는 것은 착각이며, 연합과 성화를 내세워서 칭의 이후 신자의 역할을 부각시키는 것은 오만이다. 은혜 앞에서 드러나는 것은 언제나 자격이 없고 무지하며 무능한

80_Christ는 이와 같은 논쟁을 극복할 수 있는 대안으로서 머리(John Murray)의 설명을 차용해 칼빈의 구원론에서 성화를 "결정적 성화"(definitive sanctification)와 "점진적 성화"(progressive sanctification)로 나누어 칭의와 결정적 성화를 연합에 공통으로 기초한 것으로 이해하고 "점진적 성화"를 칭의와 결정적 성화의 논리적 귀결로 보자고 제안한다. 그러나 칭의와 결정적 성화의 차이가 무엇인지 모호하다는 점, 그리고 칼빈의 구원론에서 성화에 대한 이런 도식적 구분을 발견할 수 없다는 점이 이와 같은 칼빈 구원론 해석의 가장 큰 약점이다. Christ, "The Relationship between Justification and Sanctification in the Structure of Calvin's Soteriology", 216–217.

인간의 본성이다.

구원론의 강조점은 신자의 삶에도 같은 의미를 지닌다. 신자로서 중생의 삶을 살고 있다는 것은 어떤 새로운 자충족적 자격을 부여받았다는 의미가 아니다. 칭의가 값 없이 주신 그리스도의 의의 전가였듯이 중생 역시 값 없이 베풀어 주시는 하나님의 오래 참으시는 자비 때문에 가능하다. 연합과 칭의, 그리고 성화 혹은 중생의 단계 가운데 신자에게 어떤 변화가 있었는지에 주목하면서 그 가운데 신자의 삶의 근거와 의무를 찾으려 한다면 칼빈의 구원론의 구조와 내용에 대한 정당한 해석과 합당한 적용을 찾기 어렵다. 시점으로 볼 때 칭의와 성화 그리고 연합은 동시적이다. 논리적으로 볼 때 칭의는 출발점으로서 즉각적이며 성화는 과정으로 점진적이며, 연합은 이 두 측면의 공통 기초이다. 그러나 논리적 차이는 특정 측면의 우선순위를 의미하지 않는다. 칭의와 성화 그리고 연합은 모두 하나님의 주권적인 은혜에 종속된다. 즉 칭의와 성화, 그리고 연합은 모두 인간의 상태나 역할이 아니라 하나님의 은혜의 주권성을 지향할 때 바른 위치를 찾을 수 있다. 이러한 이해를 논점의 이탈이라고 말할 수도 있겠지만, 이것이 우리가 칼빈에게서 들을 수 있는 대답이다.

칼빈의 구원론이 일관되게 강조하는 하나님의 은혜에 기초하여 그의 구원론을 바르게 적용한다면 오늘날 신자의 신앙생활과 교회의 전도까지 그 초점을 재점검하는 데 도움을 얻을 수 있다. 먼저 칼빈의 구원론에 따라 신자들의 신앙생활의 목적과 주제가 재확인되어야 한다. 물론 성도들의 거룩함의 수준이나 하나님께서 받은 여러 은사와 각종 복들은 감사의 제목이며 신자의 신앙 상태를 점검할 때 살펴보아야 할 중요한 요소들임에 틀림없다. 그러나 이와 같은 성화의 도구들과 결과물보다 더 주목해야 할 신앙의 주제는 하나님의 은혜이다. 은혜는 불변하지만, 그에 대한 반응인 우리의 거룩함은 항상 요동한다. 기준이나 형편에 따라 신자의 거룩함에 대한 평가가 달라지기도 한다. 이런 변화무쌍한 성화의 현실을 기준으로 삼는다면 교회와 성도는 근거 없이 교만해지거나 소망 없이 좌절할 수밖에 없다. 우리에게 주시는 은사와 복은 그 자체가 찬양의 이유나 신앙의 목적이 아니다. 만일 은사와 복을 목적으로 삼고 자랑의 이유로 삼는다면 우리의 신앙은 하나님께서 주신 것을 숭배하면서 오히려 하나님 자신을 무시하는 우상숭배로 전락할 수 있다.

또, 교회가 행하는 불신자를 향한 복음 전도와 선교에 있어서도 교회의 "전도"나 대상자의 "믿음"이 아니라 구원하시는 하나님의 주권적인 은혜가 초점이 되어야 한다. 대상 파악과 현장에 대한 이해가 참으로 중요하지만 그 자체가 목적이 아니다. 어떻게 믿게 할 것인가에 앞서 무엇을 믿게 할 것인가를 먼저 분명히 정립해야 한다. 그리고 전도의 주제와 내용은 오직 죄인을 값 없이 구원하시는 하나님의 주권적인 은혜여야 한다. 어떤 형편에서도 하나님의 은혜만을 신뢰할 때 교만과 좌절에 빠지지 않는 하나님의 자녀로 살 수 있다. 어떤 대상을 향해서도 그 은혜만을 증거할 때 그리스도의 몸인 교회로 세워질 수 있다. 인간편의 공로를 요구하는 로마 가톨릭의 왜곡과 신자의 특별한 자격을 내세우는 율법폐기론자들의 남용을 모두 극복하고 삼위일체 하나님의 구원하시는 은혜의 전적 주권을 강조했던 칼빈의 구원론은 이런 점에서 오늘날에도 중요한 실천적 의의를 가진다.

한국 4대 이단의 구원론 비판: 구원파, JMS, 안증회, 신천지

인간의 문제는 무엇이며, 해답은 무엇인가?

죄(타락)는 무엇이며 어떻게 구원받을 수 있는가?

구원파는 죄를 존재론적으로 이해하고, 정명석은 죄를 인간과 천사(뱀)의

성적 타락으로 이해하며, 안증회(장길자)는

유월절과 안식일을 지키지 않는 것이 죄라고 보며,

신천지는 교주 이만희를 믿지 않고 새 언약을 지키지 않는 것이 죄라고 한다.

죄를 어떻게 규정하느냐에 따라 이단의 구원론은 달라진다고 하겠다.

예수를 믿어도 구원을 받을 수 없다고 주장하면서,

자신들만의 배타적 구원론을 가르친다.

정 동 섭

경희대학교에서 영어영문학, 침례신학대학교 대학원에서 기독교교육(MRE), 미국 Trinity Evangelical Divinity School에서 상담심리(MA/CP), 그리고 같은 학교에서 가정사역전공 철학박사(Ph. D.) 학위를 받았다. 현재 안양에서 가족관계연구소를 운영하고 있으며, 2009년까지 한국기독교총연합회 이단사이비대책위원회 부위원장을 역임하였으며, 2005년부터 사이비종교피해대책연합 총재로 한국교회를 섬기고 있다. 2019년부터 한국교회총연합회(한교총) 종교문화쇄신위원회 전문위원으로 있다. 2014년 세월호 사건이 발생했을 때, KBS, MBC, SBS, TV조선, MBN, 채널A, CNN 등에 출연하여 유병언과 구원파에 대해 증언하였다.

한국 4대 이단의 구원론 비판: 구원파, JMS, 안증회, 신천지

한국의 이단은 세 가지 종류로 분류할 수 있다. 첫째는 외국에서 유입된 이단으로 여호와의 증인, 몰몬교, 안식교, 지방교회 등이다. 둘째는 한국 사회에서 자생적으로 자라난 이단으로 통일교, 천부교(전도관), 장막성전이 여기에 속한다. 셋째는 2세대(second generation) 이단으로 분류되는 것인데, 이미 존재하고 있는 이단에서 파생되어 성장한 이단으로 구원파, 하나님의 교회, 신천지, 그리고 JMS로 알려진 기독교복음선교회가 있다.

한편 세상에는 두 가지 성격의 이단이 있다. 거짓 그리스도와 거짓 선지자이다(마 24:24). 하나는 그 집단의 교주를 신격화하는 '교주우상주의' 집단이고, 다른 하나는 역사적 보편적 교회와 달리 성경을 자의적으로 해석하는 '교리적 이단'이다. 안증회, JMS, 신천지는 전자에 속하고, 구원파는 후자에 속한다.

한국교회를 어지럽히는 이단 중 가장 분별하기 힘든 이단이다.

JMS, 신천지, 안상홍증인회와 달리 교주를 신격화하지 않으며, 성경적으로 "죄 사함, 거듭남, 구원"을 전하고 있기 때문이다.

우리는 어떻게 그리스도인이 되는가? "사람은 자신의 죄를 회개하고 예수 그리스도를 영접함으로 즉, 그를 구주와 주님으로 믿는 믿음으로 말미암아 하나님과 인격적인 관계를 맺음으로 그리스도인이 된다"(R. T. Rankin). 온전한 구원은 회개하고 주 예수 그리스도를 구주로 믿고 의지하고 본받으며, 성령의 감화로 거룩하게 하심과 영원한 영광을 믿는 것이다.

예수 그리스도를 구주로 믿고 영접하면 죄와 사망으로부터 구원을 얻는다. 따라서 예수님의 가르침을 개념적으로 요약하면 "나를 믿으라"(칭의), "나를 따르라"(성화), "나를 기다리라"(영화)는 것이다. 따라서 온전한 구원은 과거에 이미 "마음으로 믿어 얻은"(롬 10:9) 구원(칭의), 현재 "두렵고 떨리는 마음으로 이루어야 할"(빌 2:12) 구원(성화), 그리고 "현재의 고난과 족히 비교할 수 없는 장차 우리에게 나타날 영광"(롬 8:18)을 소망 중에 기다리는(롬 13:11) 영원한 구원(영화)이라는 세 차원으로 되어 있다.

그러나 이단들은 믿음보다는 인간의 행위나 공로를 강조하여 맹신을 이끌어 내거나 신비주의 또는 영지주의적인 영적 깨달음 등으로 구원에 이른다고 현혹하기도 한다. 또한, 이단들은 영의 세계와 물질세계로 분리하여 영의 세계는 선하고 물질세계는 악하다는 전제 아래 영적 구원과 육적 구원을 가르치기도 한다.

기독교 이단을 논의할 때 가장 중요한 주제는 계시론, 신론, 타락론, 구원론, 교회론, 종말론이다. 이 논문에서는 타락론과 구원론에 초점을 맞춘다. 인간의 문제는 무엇이며, 해답은 무엇인가? 죄(타락)는 무엇이며 어떻게 구원받을 수 있는가? 구원파는 죄를 존재론적으로 이해하고, 정명석은 죄를 인간과 천사(뱀)의 성적 타락으로 이해하며, 안증회(장길자)는 유월절과 안식일을 지키지 않는 것이 죄라고 보며, 신천지는 교주 이만희를 믿지 않고 새 언약을 지키지 않는 것이 죄라고 한다. 죄를 어떻게 규정하느냐에 따라 이단의 구원론은 달라진다고 하겠다. 예수를 믿어도 구원을 받을 수 없다고 주장하면서, 자신들만의 배타적 구원론을 가르친다.

한 가지 흥미로운 것은 네 가지 이단이 모두 인간을 영·혼·몸으로 구성되었다고 보는 삼분설을 따르고 있다는 것이다. 인간은 전체적으로 타락했다. 영혼과 육체 모두 하나님의 구원하시는 은혜의 대상이다. 성경은 몸과 혼과 영을 전체적으로 또는 개별적으로 동일하게 사람으로 표현한다. 영혼이 범죄한 것이 아니라 사람이 범죄하며 몸이 죽는 것이 아니라 사람이 죽는다고 말한다. 이처럼 혼과 영은 항상 상호 교환적으로 사용되는 동의어이다. 정통교회는 개념적으로 이분설을 따르든 삼분설을 따르든 인간을 전인적으로 이해하는 입장을 취한다. 그러나 이단은 모두 영의 구원, 육의 구원을 분리해 말하고 있다.

1. 구원파의 구원: 무엇이 문제인가?

구원파는 1960년대 초에 Dick York, Kass Glass 등 외국 선교사들에 영향을 받아 생겨난, 사실상 외국에서 수입된 2세대 이단이다. 성경에 나타난 구원의 교리를 정통교회와는 다르게 왜곡하여 해석하여 가르치므로 교회와 신자들을 혼란케 하고 있다. 권신찬−유병언(기독교복음침례회), 박옥수(기쁜소식선교회), 이요한(대한예수교침례회)파 등 세 계파로 분리되어 활동하고 있다. 자신들만 회개와 믿음이 빠진 깨달음으로 구원받고, 한 번 회개하면 더 이상 회개가 필요 없다는 등 주장으로 세 집단이 모두 한국교회에서 이단으로 규정되었다.

모든 죄는 예수 그리스도의 십자가에서 다 해결되었기 때문에, 이를 깨닫기만 하면 죄책감에서 벗어나 회개할 필요가 없이 자유롭게 살면 된다고 가르친다. 비성경적인 구원을 전하는 교리적 이단, 구원론적인 이단이다. 한국교회는 구원파를 반율법주의 이단, 영지주의 이단으로 규정하고 있다.

1) 분파별 상황

(1) 유병언, 권신찬 계열(기독교복음침례회)

오대양 사건과 ㈜세모와의 관련설로 큰 물의를 일으켰던 권신찬의 '기독교복음침례회'는 1961년 11월 네덜란드 선교사 길기수(Case Glass)의 영향으로 '죄 사함을 깨달았다'는 권신찬과 미국인 독립선교사 딕

욕(Dick York)의 영향으로 '복음을 깨달았다'는 유병언에 의해 시작되었다(권신찬과 유병언은 장인과 사위 관계이다).

1963년부터는 선교사들과의 관계를 끊고 독자노선을 구축, 1969년부터 1981년 말까지는 '한국평신도복음선교회'로, 1981년 11월부터는 '기독교복음침례회'라는 이름으로 활동하고 있다. 대표 교회는 삼각지에 있는 서울교회이나 실제 본부는 안성 금수원으로 알려져 있다. 1987년 오대양 사건과 2014년 세월호 사건의 배후로 알려져 있고 권신찬은 1996년, 유병언은 2014년에 사망하였다.

(2) 이요한 계열(대한예수교침례회: 생명의말씀선교회)

이요한의 본명은 이복칠이다. 중졸의 학력으로 구원파의 초창기부터 목포에서 권신찬을 추종했던 인물로서 1962년에 '중생을 경험' 했다고 하며, 목사 면직을 받은 권신찬에게 1971년 목사 안수를 받았다. 유병언이 교회의 헌금을 사업에 전용하는 것을 문제 삼아 기업이 곧 교회의 일이라는 유병언파를 비난하면서 '교회와 사업은 분리되어야 한다'는 성명을 내고 '복음수호파'로 분파되었다. 현재 '대한예수교침례회'라는 간판 아래 생명의말씀선교회라는 이름으로 활동하고 있으며 현재는 인덕원에 서울중앙침례교회라는 간판을 걸고 활동하고 있다.

(3) 박옥수 계열(대한예수교침례회: 기쁜소식선교회)

박옥수는 초등학교 5학년 중퇴생으로서 체계적으로 신학을 공부한

적이 없으며 딕 욕이라는 자칭 선교사와 권신찬의 영향을 받았으며, 누구에게도 안수를 받은 적이 없으나 목사행세를 하고 있다.

1962년 10월 7일 '거듭난 체험'을 했다고 주장하면서 '죄 사함과 거듭남의 비밀'을 주제로 전국순회집회를 하고 있는데, 한때 대구에서 활동하다가 1980년대에 들어와 '예수교복음침례회'라고 했다가 '대한예수교침례회'라는 간판을 내걸고 활동하고 있다. 대전 한밭중앙교회를 본거지로 하다가 1990년대 이후 양재동에 있는 기쁜소식 강남교회를 본부로 삼고 있다. 대외적으로 기쁜소식선교회와 IYF라는 이름으로 활동하고 있다. 2010년대 초부터 가짜 암 치료제 "또별"과 관련해 사회적 문제를 일으키기도 하였다. 현재는 "Mind Education"이라는 인성교육프로그램으로 국내외에서 포교 활동에 열을 올리고 있다. 「Tomorrow」라는 월간 잡지를 발간하고 있다.

2) 공통적 문제점

구원파의 세 계파는 모두 죄를 존재론적(죄 덩어리, 죄의 노예)으로 인식하고 죄를 관계론적(간음, 살인, 도둑질)으로 보지 않는다. 원죄만 강조하고 자범죄는 죄의 증상일 뿐이라고 격하시킨다. 죄를 회개하고 예수를 믿음으로 구원받는 것이 아니라, 예수님의 십자가 공로(은혜)를 깨달음으로 구원받는다는 것이다. 그리스도를 믿음으로 거듭나는 것이 아니라 자신이 중생했음을 깨달아야 한다는 것이다.

(1) 의지적인 회개와 믿음이 빠진 '깨달음'을 통해서 구원받는다고 한다

권씨가 '죄 사함을 깨닫고' 유씨가 '복음을 깨닫고' 이씨가 '중생을 경험하고' 박씨가 '거듭난 체험'을 했다는 것은 같은 뜻으로서 '깨닫고 거듭나야 구원을 받는다'라면서 그 구원받은 시각(영적 생일)을 알아야 한다고 하며, 육적 생일을 기억하는 것과 같이 영적 생일을 기억해야 구원받은 증거라고 주장한다. 이들의 말에 따르면 육적 생일은 부모나 타인에 의해서 알 수밖에 없는 것인데 영적 생일도 타인이 가르쳐 주어야 알 수 있다는 오류가 발생하게 되었으며, 무엇보다도 구원은 하나님의 은혜 안에서 믿음으로 말미암은 것이며 그 깨달음은 믿음에서 오는 것으로 깨달음 자체가 믿음의 전부가 될 수 없는데, 저들은 구원에 대한 피동적 깨달음 자체가 구원을 얻게 하는 것처럼 주장하여 영지주의적으로 잘못 이해하고 있다(지식과 지적 동의는 있으나 신뢰 [trust], 위탁[commitment]으로서의 믿음이 빠져있다).

"구원은 기성교회에서는 얻을 수 없고 자기들에게 와서 성경 공부를 하고 (죄가 사해진 것을) 깨달음으로 구원받으며, 기성교회에서 지키는 성수주일은 헌금을 거둬내기 위한 눈 감고 아웅 하는 식의 성수주일이니 필요 없고 한 번 구원받았으면 그 육신이 어떤 죄를 범해도 지옥에 가지 않고 구원 얻는 상태 그대로 머물며, 교파 교회는 필요 없다고 하며, 기성교회의 십일조 헌금도, 새벽기도도 필요 없으며 모두 율법주의의 소산이므로 울면서 기도할 필요가 없다는 것이다." 구원파에서는 구원을 '율법의 억압에서 떠나는 것', '양심의 해방', '율법과 종교에서의 해방'으로 이해한다. 따라서 "죄의식이 없어야 구원받은 사람이고, 죄의식을 가진 자는 구원받지 못한 사람으로 취급한다"(『바른신앙을 위한 이단·사이비 예방백서 종합자료 1』, p.67). 회개를 계속하는 것은 구원받지 못한 증거라고 한다.

"이미 구원받았기 때문에 죄를 지어도 구원과는 관계없다. 한번 구원은 영원한 구원이며 믿음뿐이므로 행함을 주장한 야고보서는 잘못되었다"(『세칭 구원파의 정체』, 1980, p. 65).

"구원은 반드시 확신이 있어야 하고 중생한 시일, 장소, 성경 구절을 알고 있어야 한다. 구원은 영이 받았으므로 육으로 하는 것은 관계치 않으며 믿음으로 구원을 얻는 것이다. 한번 깨달아 구원받으면 다시 범죄가 없고… 생활 속에서 짓는 죄는 죄가 되지 않는다. 기성교회는 종교이며 자신들은 복음이라 한다"(『이단사이비 예방백서 종합자료 1』, 2014, p. 57).

(2) 회개를 계속하는 것은 구원받지 못한 증거라고 한다

구원받은 자들은 회개할 필요가 없다고 하면서 회개란 '돌이킨다'는 말로써 세상에서 하나님께로 한번 돌이켰기 때문에 더 이상 돌이킬 필요가 없고 이미 과거, 현재, 미래의 죄를 다 사했으므로 회개를 계속한다는 것은 사죄의 확신이 없는 증거이므로 구원받지 못한 지옥의 자식이라고 한다. 그래서 주기도문도 외우지 않고 기도도 하지 않는다.

이들은 구원을 위한 단회적 회개(히 6:1 이하)와 성화를 위한 반복적인 회개를 구별하지 못하며(시 51편, 삼하 24:10, 마 6:12, 요일 1:8-9), 죄에 대한 참된 통회와 회개는 믿음에서 온다는 것을 모르는 자들이다.

박옥수는 "정통교회에서 하는 것이 모두 헛되다는 것을 깨닫는 것이 바로 회개와 믿음"이라고 주장하고 있다. 구원은 우리의 전인격(지, 정, 의)이 포함된 회개와 믿음을 통해 예수 그리스도를 인격적으로 만나는 사건이다. 구원파는 구원을 피동적 깨달음으로 이해하고 있다.

(3) 죄인이라고 고백하면 지옥으로 간다고 한다

구원받은 후에는 회개할 필요가 없다는 말과 같은 의미로 '죄인이냐 의인이냐'를 물어서 죄인이라고 하면 천국은 의인만 가는 곳이요 지옥은 죄인이 가는 곳이니 지옥에 간다고 말한다. 저들은 스스로를 의인이라고 해야만 구원받았다는 것이다.

구원파가 가르치는 거짓 교리는 거듭나는 순간 완전한 의인이 된다는 것이다. 그들은 구원은 영으로 받았고, 이후 육으로 범하는 죄는 영과 관련이 없으며, 죄를 지어도 죄가 되지 아니한다고 가르친다. 이러한 가르침은 인간을 영·혼·육으로 구분하는 비성경적인 삼분설에 기초하고 있다. 복음을 파괴하는 이단들 대부분이 이와 같은 입장을 취하면서 성령은 신자의 영혼 속에, 사탄은 신자의 육체 속에 거하면서 서로 대립하고 있다고 가르친다. 구원파도 인간의 구원을 '영의 구원', '혼의 구원', '육의 구원'으로 나누어 설명한다. 구원파에서도 이런 가르침이 나타나는 것은 권신찬이 이러한 사상을 가르친 워치만니(Watchman Nee)의 영향을 받은 것과도 무관하지 않다.

성경을 종합적으로 보면, 인간은 오직 영혼과 육체로 구성되었고, 혼이 별도로 존재하는 것이 아니며, 혼은 영혼을 이르는 또 다른 표현이라고 이해할 수 있다.

신자는 하나님 은혜로 예수 그리스도로 말미암아 의롭다 함을 얻고 성령의 역사 속에서 성화되어 가는 것이며, 참된 믿음은 하나님 앞에서 스스로를 죄인이라고 고백하는 것이 성경적인 것이다.

바울도 죄에 대하여는 과거 시제로 고백하고(딤전 1:13) 죄인의 괴수됨에 대하여는 현재 시제로 고백했던 점은(딤전 1:15) 구원파의 주장과 전혀 다른 것이다. 신자는 신분상(status)으로 의인이나 성품(character)적으로 여전히 죄인이다. 우리는 사함 받은 죄인이다. 우리는 하나님 앞에서 의인이며 동시에 죄인이다(Luther).

(4) 정통교회의 제도와 예배형식, 주일성수, 십일조, 금식, 새벽기도, 축도, 기도 생활까지 율법이라 하여 무시하거나 부인하고 있다

예컨대 권신찬의 경우 복음과 종교를 구별하면서 종교는 죽은 것이요 복음은 살리는 것인데 기성교회도 종교요 자신들만이 복음이라고 주장하는 것이(권신찬, 「종교에서의 해방」, pp. 1-3) 그 한 가지 예이다. 율법폐기론은 분명한 이단 교리로서 여러 가지 문제가 있다. 율법이 없어졌다고 하면 우선 죄가 성립될 수 없다. 그래서 구원파는 죄를 지어도 회개할 필요가 없다는 교리를 가르치게 된다. 결국 죄를 지어도 죄가 아니라면 방종의 삶이 된다. 뿐만 아니라 성화의 삶도 없어지게 된다 (구원파는 신학적 무지로 인해 의식법과 시민법, 그리고 도덕법[십계명]을 구분하지 못 하고 있다).

3) 계열별 특이점

(1) 유병언 계열

하나님은 인격이 아닌 영이라고 한다. 권신찬은 "(사람들이) 영을 자기의 인격적 활동과 혼돈하여 인격의 일부인 이지(理知)나 감정이나 의지로서 영이신 하나님과 접하는 것은 불가능하다"(권신찬, 「양심의 해방」, p. 9)고 주장한다. 삼분설을 따르는 이들은 영혼의 구원과 육신의 구원을 나누어서 가르친다. 이와 같은 주장은 권신찬 외에도 워치만 니, 위트니스 리(지방교회, 회복교회), 김기동(베뢰아 귀신론), 이명범(레마선교회) 등이 주장하는 것인데, 이는 성경이 말하는 영을 바르게 이해하지 못하여 철학적이고 세속적인 삼분법적 인간 이해에 따라 영과 인격(혼)을 분리하는 데서 기인한 것으로서 결국 이에 상응하여 영이신 하나님조차도 인격이 아닌 존재로 만들고 마는 것이다.

모든 인간의 행위는 전인적인 행위이다. 영이 죄를 짓는 것이 아니라 인간이 죄를 짓는 것이며, 육신이 죽는 것이 아니라 인간이 죽는 것이다. 영 또는 영혼만이 구원을 받는 것이 아니라 육신과 마음, 영혼의 통합체인 인간과 그의 몸이 예수 그리스도 안에서 구원을 받는 것이다(눅 24:39).

급박한 시한부적 종말론을 주장한다. 「잠시 잠깐 후면」, 「오실 이가 오시리니」, 「위험한 지구」, 「임박한 대환란」, 「세계정부와 666」, 「인류파멸의 징조」 등의 책을 통하여 세대주의적인 종말론을 전파하면서 금세기 내에 종말이 올 것 같은 공포감을 조성하고 구원파 교회에 들어오지 않으면 공중 재림 때 휴거될 수 없고, 소위 7년 대환란을 겪어야 하는 것처럼 믿게 하고 있다. 또 구원의 수가 차야 신부인 교회가 완성되어 휴거된다고 한다(권신찬, 「위험한 지구」, pp. 27-31).

(2) 이요한 계열

유병언 계에서 분파되었기 때문에 신조마저 원조 구원파의 '우리는 무엇을 믿는가?'라는 12개항을 약간 수정하여 '우리는 이렇게 믿는다'라는 10개항을 만들 정도로 거의 유사하며, 종말론에 있어서 유병언과 다른 요소가 있으나 구원관에 있어서 권신찬, 유병언과 그 근본이 차이가 없다는 점은 그가 비록 권신찬과 다르다고 주장하고 있으나 이는 아무런 의미가 없으며 하나의 구원파에 불과할 뿐이다. 깨달음에 의한 구원과 시한부 종말론(우리 생전에 예수님이 재림한다)을 주로 설교하고 있다.

(3) 박옥수 계열

풍유적 성경 해석을 오용 남용하고 있다(박옥수, 「죄 사함 거듭남의 비밀」,

pp. 59-70). 박옥수는 죄와 범죄, 회개와 자백을 구분하여 반복적 회개는 부인하고 삶에서 나타나는 범죄는 하나하나를 일일이 고백하여 용서를 구할 필요가 없으며 죄 자체를 인정(自白)하기만 하면 된다고 한다. 왜냐하면 회개로 죄가 사해지는 것이 아니라 예수의 보혈로 사해졌다는 사실을 깨달은 그 순간 죄가 해결되어 구원받았기 때문이라는 것이다. 그러므로 모든 죄가 용서되어 회개할 필요가 없으며 회개하는 자는 구원받지 못한 자라고 주장한다(『기쁜소식』, 1989년 2월호, pp. 7-9, 1989년 3월호, pp. 14-15).

"성경에는 '죄'와 '범죄'에 대해 명백하게 나뉘어져 있습니다. 만일 우리가 우리 죄를 자백하면…, 이 말씀에서 '내가 도둑질했습니다' 하고 범죄한 것을 자백하라는 것이 아니라 죄를 자백하라는 뜻입니다"(『죄 사함 거듭남의 비밀 1』, p. 36).

"시편 51편 5절을 보십시오… 자신이 무슨 죄를 지었다는 것이 아니고 그는 근본적으로 죄를 지을 수밖에 없는 인간이라는 그 자체를 고백한 것입니다. 나는 죄 덩어리로 뭉쳐진 인간이라는 것입니다. 여러분, 죄의 결과를 고백하는 것과 죄의 근본을 고백하는 것은 상당한 차이가 있습니다"(『죄 사함 거듭남의 비밀 1』, p. 37).

박옥수는 심지어 "성경에 회개하면 죄가 씻어진다"라는 말이 없다고까지 말한다. "여러분, 아무리 유명한 부흥 목사의 이야기라 해도 성경에 없는 것은 하나님의 길이 아닙니다. 회개하면 죄가 씻어진다는 말이 성경 어디에 있습니까? 회개해서 죄를 씻는 것도 성경적인 방법이 아닙니다"(『죄 사함 거듭남의 비밀 2』, 기쁜소식사, 1993. p. 50). 죄 사함을 깨닫기만 하면 구원을 받는다는 것이다.

또, 죄인이라고 말하면 지옥 간다면서 딤전 1:15에서 사도 바울이 '죄인의 괴수'라고 했던 것은 원문에 '과거형'으로 되어 있다고 가르치고 있으나, 실제 성경 원문에는 13절에서 죄에 대하여는 과거로 고백하고, 15절에 '죄인의 괴수'라고 할 때에는 현재로 고백하고 있는 것이다. 성화가 배제된 중생의 구원만을 강조하고 거기에 초점을 맞추어 성경을 억지로 해석하고 있는 것이다.

4) 결론: 구원파는 율법폐기론적 영지주의 이단이다.

구원파의 세 계파는 모두 예수님을 믿음으로 구원받는 게 아니라, 예수님의 십자가 공로에 대해 깨달음으로 구원을 받는다고 한다. 이요한은 "은혜를 깨달음으로, 은혜를 믿음으로, 오직 그리스도의 완성된 공로를 믿고 깨달음으로" 죄 사함을 받는다고 한다. 구원파의 원조 권신찬도 "하나님의 말씀을 깨달을 때 거듭나는 것이다. 예수님이 내 죄를 위하여 피를 흘려주셔서 내 죄가 사함 받았다는 사실을 믿으면 절대로 지옥에 안 갑니다"라고 쓰고 있다. 유병언은 "유대인은 예수를 영접함으로 구원을 받았지만, 이방인은 죄 사함의 복음을 깨달음으로 구원받는다"고 주장했다. 박옥수도 "십자가에 못 박혀 돌아가시게 해서 나의 모든 죄를 씻어놓으셨습니다. 나를 죄에서 구원한 사실을 믿는 것이 예수 믿는 것입니다"라고 쓰고 있다. 다시 요약하면, 이들은 "예수 그리스도께서 십자가에서 행하신 사실을 믿으면 죄 사함을 받고 구원받는 것"이라고 말한다(조남민, 2019). 이를 강조하다가 심지어는 "천국 가는 것은 예수님을 믿는 게 아니고 예수 그리스도께서 하신 일을 믿는 거예요"라고 까지 말한다. 예수님에 대해서 아는 것과 예수님을 아는 것은 다른 것이다. 성경에서는 "오직 주 예수 그리스도를 믿음으로"(갈 2:16), 즉 "자신이 죄인임을 깨닫고 자신의 죄를 회개하고 모든 구원사역을 하시고 현재 살아계신 예수님께 나아와 예수님을 당신의 구세주로 영접하는 자"가 구원을 받고 하나님의 자녀가 된다고 한다.

구원파의 이단성은 그들의 성경관(계시론), 하나님관, 인간관, 구원관, 기도와 예배, 교회와 종말에 대한 가르침에서 골고루 나타나고 있다. "믿음의 한 가지 기능인 깨달음(지식)만으로 구원받는다는 이들의 주장은 영지주의적 사고임에 틀림없으며, 구원의 확신이 곧 구원이라고 생각하는 점은 구원의 역사에 대한 하나님의 주권을 무시하는 처사이다. 또한 구원을 위한 단회적 회개와 성화를 위한 반복적 회개를 구별하지 못하는 것이나, 스스로를 죄인이라고 하면 지옥 간다는 주장은 성경의 가르침에 위배되는 명백한 이단으로 사료된다"(예장 통합, 1992년 77회 총회).

결론적으로 구원파의 가르침을 요약하면 다음과 같다. (1) 지금은 은혜 시대, 복음 시대이므로 율법이 필요 없다. (2) 육은 더럽고 영만이 선하다. (3) 구원받은 그리스도인은 하나님의 은혜로 보호되기 때문에 육신적으로 어떻게 살든 구원에는 영향이 가지 않는다. 이러한 가르침은 니골라당(계 2:6, 15)과 흡사하며, 구원파는 초대교회를 어지럽히던 영지주의(Gnosticism)와 반율법주의(Antinomianism) 사상이 현대판 이단으로 부활한 것이라고 봄이 타당할 것이다(빌 3:18-19, 유 19).

이단전문가 탁지일 교수는 "예수의 십자가 사건으로 과거, 현재, 미래의 죄까지 다 사함을 받았기 때문에 구원을 받은 후에는 다시 회개할 필요가 없다고 주장한다… 권신찬과 유병언의 구원파는, 깨달음으로 구원을 받으며 이후에는 죄를 지어도 구원과는 상관이 없고 생활 속에서 짓는 죄는 죄가 되지 않고, 구원받은 이후에는 회개할 필요가 없이 자백만 하면 된다고 주장한다"(『이단』, pp. 111-112)고 진술하고 있다. 1991년 자수한 김도현을 비롯한 오대양 집단암매장범들이 "우리가 살인은 했어도 구원을 받았기 때문에 천국 가는 데는 문제가 없다"고 발언한 것과 십계명을 모두 어기며 생활했던 유병언의 삶 자체가 위 진술이 구원파의 신앙고백임을 보여주고 있다.

박옥수는 "죄 사함 거듭남의 비밀이란 성경의 알맹이로서 영적 비밀"이라고 한다. "죄 사함을 얻기 위해 회개할 필요가 없다. 깨닫기만 하면 의인이 된다. 율법 시대가 끝나고 은혜 시대가 시작된 것이다"고 가르친다. 박옥수는 자신의 교리를 합리화하기 위해 베드로와 유다를 대조하여, 베드로는 배반 행위를 회개한 것이 아니라 자기 존재를 회개하여 구원을 받았고, 유다는 배반 행위(자범죄)만을 회개하고 자기 존재(원죄)의 회개가 없으므로 구원받지 못했다고 억지 해석을 하고 있다. "죄의 결과를 고백하는 것과 죄의 근본을 고백하는 것은 상당한 차이가 있다. 나는 죄 덩어리로 뭉쳐진 인간이다. 죄를 지을 수밖에 없는 인간이라는 그 자체를 고백하라"는 것이다.

유병언, 권신찬, 이요한, 박옥수는 모두 죄를 존재론적으로 이해하고 있으나 성경은 죄를 관계론적으로 제시하고 있다. 그래서 죄를 회개하고 예수님을 영접하라고 촉구하는 빌리 그래함(Billy Graham) 목사를 비롯한 모든 정통교회 목사를 구원받지 못했다고 정죄하는 것이다. 박옥수 구원파의 주장은 결국 "죄 사함으로 말미암은 구원, 깨달음에 의한 구원, 율법과 종교에서의 해방을 강조하는 것으로 요약할 수 있다"(「이단 사이비를 경계하라」, 2008). 따라서 구원파에서 구원을 받으면, 다른 교회(정통교회)에서 신앙생활을 하는 이들을 목회자와 성도들을 막론하고 '구원받지 못한 인간'으로 취급하고 무시하고 구원받아야 할 대상(이방인)으로 몰아붙인다.

구원파의 구원에는 성화의 과정이 빠져있다. 로마서 8:30은 하나님의 예정 또는 선택, 하나님의 유효적 소명, 칭의, 성화, 영화에 대해 말하고 있다. 구원은 여러 가지 측면을 포함하는 포괄적 개념이다. 그러나 구원파는 구약의 율법이 폐기되었다고 말하며 십계명을 무시한다. 율법폐기론을 주장하는 이단이다. 할례, 제사제도, 절기 등은 폐기되었으나 도덕법(십계명)은 신약에 와서 더 강화되었다는 것을 모르는 자들이다. 구원파는 율법(도덕)무용론자들이다. 박옥수는 요한계시록(2:5)에 나오는 니골라당과 같다. 율법을 무시하는 방종한 이단이다.

구원파는 현대판 니돌라당, 곧 율법을 무시하고 성경을 억지 해석하는 구원론 이단이다. 믿음의 한 가지 기능인 깨달음으로 구원받는다는 이들의 주장은 영지주의적 사고다(요일 4:1).

믿음의 한 가지 기능인 깨달음만으로 구원받는다는 이들의 주장은 영지주의적 사고임에 틀림이 없으며, 구원의 확신이 곧 구원이라고 생각하는 점은 구원의 역사에 대한 하나님의 주권(롬 9:16)을 무시하는 처사이다. 또한 구원을 위한 단회적 회개와 성화를 위한 반복적 회개를 구별하지 못하는 것이나, 스스로를 죄인이라고 하면 지옥에 간다는 주장은 성경의 가르침에 위배되는 명백한 이단으로 사료된다.

2. 정명석(기독교복음선교회)의 구원론: 무엇이 문제인가?

2세대 이단으로 분류되는 JMS, 즉 기독교복음선교회는 통일교에서 파생되었다. 기독교복음선교회의 총회장 정명석은 통일교에서 2년간 국제승공연합 강사로 일하면서 이론적으로 영향을 받았다. 1979년에 신비스러운 경험을 하면서 자신이 문선명을 대신할 사람이라고 확신한 것으로 보인다. 정명석의 〈30개론〉교리는 문선명의 〈원리강론〉을 거의 그대로 카피한 것이다. 성적 타락론 때문에 고신(1991), 통합(2002), 합동(2008), 기성(1987), 합신에 의해 이단으로 규정되었다.

서울 신촌에서 몇몇 대학생들과 시작했으나 현재는 전국 50여 개 대학을 중심으로 2만여 명의 추종자를 갖고 있다. 정명석의 영문 첫 자를 따라 JMS(Jesus Morning Star)라는 이름으로 주로 중, 고, 대학생들을 중심으로 포교 활동을 하고 있다. 애천교회라는 이름을 시작으로, 세계청년대학생 MS연맹, 국제크리스천연합, 예수교대한감리회(진리)로 수시로 이름을 바꿔 활동하다가 지금은 기독교복음선교회라는 이름으로 활동하고 있다. 전국에 지교회가 있고 대학별 동아리가 있다. 1999년 정명석의 실체가 SBS TV 〈그것이 알고 싶다〉를 통해 세상에 알려졌다. 정명석은 2009년 대법원 확정판결 후 10년을 복역한 후 출소해 계속 자칭 재림 예수로 활동하고 있다.

통일교, 즉 세계평화통일가정연합은 1954년 문선명과 한학자에 의해 시작되었는데, 그 부부를 참 부모로 삼아 "참가정실천운동"을 벌이고 있다. 예수가 참 가정을 이루지 못하고 총각으로 죽어 실패하였기 때문에, 재림 메시야 문선명과 한 학자가 참 부모가 되어 참 가정을 이루어 구원을 베풀 수 있다고 주장한다.

JMS는 대만, 말레이시아, 몽골, 미국, 베트남, 싱가포르, 일본, 영국, 호주, 캐나다, 홍콩 등 해외에도 퍼져있다. "밝은미소운동본부"라는 단체명으로 접근하며, 문화와 예술, 스포츠, 자원봉사활동을 통해 포교하는 것으로 유명하다.

1) 계시론

정명석은 성경을 풍유적, 자의적으로 해석한다. "기성교회는 성경을 시대성이나 과학성을 고려하지 않고 문자적, 교리적으로만 성경을 해석하는 등 성경을 잘못 해석하고 있다"고 주장한다. 성경은 "비유로 인봉된 책"이라고 본다. 예를 들어, 왕벌은 사람이고, 동방은 한국이고, 동방의 독수리는 정명석이다. 불 심판은 말씀심판이고, 오병이어의 떡은 말씀이다. 구름은 사람이고, 선악과는 여자의 성기라고 푼다.

JMS의 〈30개론〉 입문편 교재에서 성경해석의 원리로, 시대성적(차원적) 성경해석 원리와 비유적 성경해석 원리, 그리고 주관적 성경해석 원리를 살펴보면, JMS측의 주장의 근거를 이해할 수 있을 것이다. 성경은 때와 시기를 따라 시대성과 차원성을 달리하면서 해석되어야 한다고 주장한다.

2) 타락론 (인죄론)

성경을 성적인 코드로 해석한다. 인류의 타락을 성적인 타락이라고 주장한다. 원죄를 인간과 천사의 성적 타락으로 이해한다. 성으로 타락했으니 성으로 구원한다는 교리이다. 죄의 뿌리는 선악과라는 과일을 따 먹은 것에서부터 온 것이 아니라, 육체상 처녀 정조를 뱀에게 빼앗긴 것, 즉 음란이 타락의 동기가 되었다고 한다.

통일교는 하와가 타락한 천사인 뱀과 혈연관계를 맺었고, 다시 하와가 아담과 혈연관계를 맺었기에 인류의 피가 타락되었다고 믿는다. 그 타락한 혈통을 다시 회복시키고 복귀시키기 위해 이 한반도에 메시아가 왔다고 믿는다. 그리고 그 메시아가 바로 문선명인 것을 1990년대 이후 지속적으로 주장해 오고 있다. 이러한 통일교의 혈통복귀 교리가 정명석의 〈섭리 신학〉에 그대로 반영되어 있다(탁지일, 2008).

피가름 교리는 인간과 천사의 행음이 죄의 뿌리라고 본다. 하와가 선악과를 따먹은 것이 성적인 타락이다. 인간과 천사의 타락을 성적 불륜관계로 본다. 회복은 필연적으로 동일한 혈연관계를 통해야만 가능하다고 본다. 혈대교환(섹스)을 통해 구원을 받을 수 있다고 주장한다. 뱀과의 관계로 인해 유전된 사탄의 피를 성혈로 바꿔야 구원받는다.

3) 구원론

정명석은 인간을 구원하기 위해 하나님께서 시대별로 구원자를 보내주셨다고 주장한다. 정명석은 구약(4,000년), 신약(2,000년), 성약(1,000

년)으로 시대를 구분 짓고, 각 시대마다 하나님께서 메시아를 보냈다고 주장한다. 구약 시대에는 에덴동산의 첫 아담이, 신약 시대에는 후아담인 예수님이, 그리고 성약 시대에는 재림주가 생명나무(정명석)라고 말한다. 정명석 자신이 바로 이 시대의 보냄을 받은 자이며, 자신은 앉아서도 영계를 돌아다닐 수 있다고 주장한다. 자신을 통해 이뤄지는 성약 시대의 구원을 완성된 구원으로 본다.

인류가 성적인 관계를 통해 타락했다고 설명하는 정명석은 인류의 구원 역시 성적인 관계를 통해 이루어진다고 주장한다. 타락한 천사와 성적으로 결합하여 심판에 이른 인류는 하나님이 선택한 재림 예수와 성적으로 결합할 때 완전한 구원에 이를 수 있다는 것이 그의 주장이다.

초림 예수는 영적 구원밖에 이루지 못했기 때문에 재림 예수가 와서 육적 구원을 이루게 되었다. 초림 예수의 혈통복귀 사명은 실패로 끝났다(문선명의 혼음사건, 박태선의 섹스 안찰, 정명석의 성추행 행각, 박명호의 창기십자가 교리는 사탄의 피를 가진 타락한 인간은 피가름을 통해 구원받는다고 주장한다).

이어 정명석은 영의 구원보다 육의 구원이 우선이며, 육의 구원을 통해 영을 구원할 수 있고 나아가 육의 구원이 영의 구원이라고 강조한다. 이 세상에 살 때 영의 구원보다 육의 구원이 급선무다. 육을 통해서 영도 구원에 이를 수 있는 것이다. 육이 하나님을 안 믿으면 그 영도 의로운 영이 될 수 없어 구원을 받을 수 없는 것이다(『구원의 말씀』, p. 82).

영은 육을 발판으로 성장한다. 육이 죽으면 영도 떠나간다. 육 구원이 영 구원이다(『구원의 말씀』, p. 83). 육의 구원은 어떻게 이룰 수 있는 가? 이에 대해 정명석은 이 시대에 보낸 사명자의 말을 믿고 따라 행하는 삶이 육의 구원이라고 주장한다. 영의 부활로 육의 부활을 부정한다.

자기를 구원시킨 자를 생사를 다해 끝까지 따라가야 구원이 이뤄지는 것이다. 하나님께서 메시아를 보내어 육적인 구원역사를 하시게 한 것이다. 메시아와 일체 돼 하나님을 사랑하며 그 뜻대로 사는 것이 육신 구원이며, 지상에서 천국을 이룬 삶이다. 영혼도 이에 따라 구원을 받아 살다가 천국으로 가게 하신다(『구원의 말씀』, p. 97).

아담이 범죄했을지라도 하나님은 아주 버리지 않고 4천 년 동안 종의 입장에서 구원의 길을 열어주셨다. 하나님은 율법 말씀을 줘 이들을 엄하게 다스리며 모세나 선지자, 사사들을 보내어 육을 중심해서 구원역사를 이끌어 오셨다… 구약 형벌 기간이 끝나고 하나님은 이들을 본래 상태로 구원하려 약속대로 메시아 예수님을 보내셨다. 예수님을 믿을 때 연대죄가 끝나게 될 뿐만 아니라 구약 사망권의 감옥을 벗어나 신약 생명권 속의 아들급 구원을 얻게 됐다. 단번에 종을 신부로 대할 수 없으므로 아들로 대할 수밖에 없었다. 고로 아들급으로 구원역사를 펼 수밖에 없었다(『구원의 말씀』, p. 106). 정명석은 예수가 3년밖에 복음을 전하지 못하고 죽으므로 다 펴지 못한 뜻을 성약 시대 때 보내진 메시아를 통해서 구원역사가 이뤄진다고 한다.

하나님께서 신약 시대 때 이루지 못한 역사를 성약 때 정녕 이루신다. 성약의 역사는 신약 역사의 재역사로 봐야 되겠다(『구원의 말씀』, p. 121). 이어 정명석은 성약 시대 때 보내진 메시아를 통해 인간은 아들급 구원에서 신부급 구원으로 구원의 역사가 이뤄진다고 주장한다.

예수는 약속대로 지상에서 자신을 극히 사랑해 신부입장에서 하늘을 신랑으로 대하는 절대적인 자, 준비된 자를 육신 삼고 영으로 강림하신다. 종에서 신부로 구원하지 못하고 아들급으로 구원했던 이들을 이제는 신부로 대하여 구원역사를 펴신다(『구원의 말씀』, p. 117).

금식과 각종 고뇌, 번뇌, 걱정, 염려 속에서 하늘의 시대 말씀을 하나하나 받고 깨닫게 됐고 배우게 됐다. 세상사람 중에는 누가 가르쳐주는 사람이 없었다. 내가 조건이 갖춰졌을 때 오직 예수님이 나타나하나하나 가르쳐주시고 떠나셨다(『구원의 말씀』, p. 263).

요약하면, 하나님은 구약 아담 때부터 시작해 4천 년 동안 종급에 있는 자들을 신약의 예수님을 보내 2천 년 동안 아들급 구원역사를 펴셨으며, 성약시대 때 정씨를 보내어 신부급 구원역사를 펴게 하셨다는 3단계 구원을 주장한다.

JMS 신학체계에서는 계시론, 비유론, 타락론, 구원론이 중요하다. JMS 회원들은 수많은 천국·지옥 간증과 계시자들의 직통 계시, 환상과 꿈 간증 등의 신비주의 홍수 속에 살고 있다. 정명석은 "기성교회는 성경을 시대성이나 과학성을 고려하지 않고 문자적, 교리적으로만 성경을 해석하는 등 성경을 잘못 해석하고 있다"라고 주장하고 "오병이어는 결코 떡이 아니라 생명의 말씀이며, 열두 광주리에 부스러기가 남았다는 것은 열두 제자들이 아직도 예수님이 전한 말씀 외에 부스러기 같은 말씀을 갖고 있다"라고 가르치는 등 성경을 풍유적, 자의적으로 해석하며 성경의 본뜻을 왜곡하고 있다.

타락론에서 문선명의 이론 그대로 영적 타락과 육적 타락이 있다고 한다. 타락한 인류를 위해 예수는 십자가를 통해서 영적 구속사업을 완성했으나 육적 구속사업에 실패했으므로 재림주가 나타나 영육이 완성된 구속사업을 해야 한다고 주장한다.

하와가 따 먹은 선악과는 과일이 아니라 금단의 열매인 하와의 정조라고 주장한다. 즉, 마귀가 하와와 성적 관계를 맺은 것이라고 주장한다. 이것이 영적 타락이고 타락한 아담과 하와가 부부관계를 맺은 것이 육적 타락이라고 주장한다.

그리고 세례 요한의 시기와 의심 때문에 예수님이 영만 구원했다는 것이다. 이제 육을 구원하기 위해서 재림주로 와서 활동한 분이 문선명이고, 그 이후에 정명석 자신이 그 사명을 받은 재림주라고 속이고 있다. 정명석은 자신이 재림주이며 구세주라고 주장한다.

구원론에서는 하나님께서 시대마다 두 감람나무와 두 증인을 통하여 구원을 이루셨는데, 즉 아담과 하와, 야곱과 에서, 세례 요한과 예수, 루터와 칼빈 등 두 사람씩 짝을 지어 역사했다는 것이다. 이와 같이 재림주도 두 사람이 사명을 받았다는 것이다. 1945년부터 1978년 6월까지는 문선명이, 그 이후에는 정명석 자신이 재림주의 사명을 받아 사역하다가 1999년 7월 14일에 자신이 세상을 심판한다는 것이다.

JMS의 인간론은 사람을 영·혼·육으로 보는 삼분설에 기초하고 있다. 통일교 원리강론의 영심, 영체, 육심, 육체라는 이원론적인 인간이해를 표절한 것이다. 영적인 세계를 지상 영계와 천상 영계 두 가지로 구분한다. "사람의 근본이 영, 인생의 창조 목적 중의 하나가 이 세상에서 자기 영혼을 온전케 만드는 것"이라고 한다. 정명석은 자기가 가르치는 구원의 도리를 깨달아야 구원받는다는 변형된 영지주의자이다. 구원은 육적 구원과 영적 구원, 그리고 중심자 구원으로 구분하는데 1차 구원과 2차 구원이 있다고 한다.

"성경은 비유로 인봉되어 있다", "때가 되어야만 비유가 풀어진다", "그 비유를 풀어줄 사람이 그리스도, 정명석이다." 정명석의 근본적이고 치명적 오류는 예수 그리스도의 메시야 사역을 실패로 간주하고 있다는 것이다. 다른 이단 교주와 마찬가지로 예수님의 구속의 완전성을 부인하고 자신이 구원을 완성할 재림주로 주장하는 잘못을 범하고 있다는 것이다. 정명석은 적그리스도 중 한 명이다.

JMS는 문선명의 통일교 주장과 상통하는 반기독교적 이단 단체이다. 정명석의 주장은 성경관, 교회관, 기독론, 구원론, 삼위일체론, 부활론, 재림론 등 전 분야에 걸쳐서 반기독교적인 이단이므로 이들의 주장에 동조함이나 현혹됨이 없도록 성도들을 지도해야겠다.

3. 하나님의 교회 안상홍증인회의 구원관 : 무엇이 문제인가?

안상홍과 장길자를 교주로 하고 있는 〈하나님의 교회, 안상홍 증인회〉(세계복음선교협회: 김주철 총회장)는 율법주의적 시한부 종말론 이단으로 다음과 같은 이단 사상이 있다. 안상홍은 13년 동안 이단 안식교에 있다가 1962년 안식교에서 나왔다. 김주철이 실세이고 장길자는 꼭두각시 여자 하나님일 뿐이다. 활발한 사회봉사 활동으로 공신력을 얻으려 노력하는 것으로 유명하다.

하나님의 교회의 정관에는 "이 마지막 시대인 성령의 시대에는 성경의 증거대로 새 이름으로 이 땅에 오신 성령 하나님 안상홍님의 이름과 성령 하나님의 신부 되시는 어머니 하나님(張吉子)을 믿음으로 구원받는다는 진리를 믿는다."라고 되어 있다.

1) 신론

(1) 교주 안상홍을 육신을 입고 온 하나님으로 믿는다

안상홍(安商洪)이라는 이름은 하나님의 '새 이름'이라고 주장하는데 계시록 14장에서 '많은 물소리 같고'라고 했는데 이는 큰물 '홍(洪)'을 말하고, '거문고 타는 것 같더라' 한 것은 거문고 소리 '상(商)'을 말하는 것이라고 주장한다. 성령 하나님 이름이 안상홍이라 한다.

구약 시대 하나님은 여호와, 신약 시대 하나님은 예수, 종말시대의 하나님은 안상홍이라고 한다. 마 28:19에 아버지, 아들, 성령이 나오는데, 성령이 안상홍이라는 것이다. 요한계시록 2:17, 14:2의 새 이름이 모두 안상홍 이름이라는 것이다. 신천지의 이만희의 괴변과 동일하다. 구약 시대 하나님은 여호와, 신약 시대 하나님은 예수, 종말 시대의 하나님은 안상홍이라고 한다. 마 28:19에 아버지, 아들, 성령이 나오는데, 성령이 안상홍이라는 것이다. 요한계시록 2:17, 14:2의 새 이름이 모두 안상홍 이름이라는 것이다. 신천지의 이만희의 괴변과 동일하다. 안상홍은 자신이 암행어사로 온 재림 예수라고 한다.

자신을 멜기세덱의 반차로 이 땅에 오신 재림 그리스도라고 가르친다. 성경은 멜기세덱이 아비도 없고 어미도 없고 족보도 없고 시작한 날도 없고 생명의 끝도 없어 하나님 아들과 방불하여 항상 제사장으로 있느니라(히 7:1-4)고 하였다. 안상홍은 아비도, 어미도, 족보도 있는 자이다. 멜기세덱과 아무런 관계가 없는 거짓 선지자일 뿐이다. 그리스도만이 멜기세덱의 반차를 쫓은 대제사장이며 하나님의 아들이시며 하나님이시다.

하나님의 교회의 예배 순서는 기성교회와 비슷하다. 다른 점은 예배가 끝날 때 다음과 같은 자체 기도문을 따라 기도한다는 것이다.

"하늘에 계신 아버지 안상홍님, 아버지께서 강림하실 날은 임박하였사오나 우리들은 아무 준비도 없사오니, 아버지여 우리를 불쌍히 여기시고 아버지의 성령으로 말미암아 우리를 거듭나게 하사 아버지 강림하실 날에 부족함 없이 영접하게 하여 주시옵소서. 그리스도 안상홍님 이름으로 간구하옵나이다. 아멘."

(2) 안상홍 외에 여교주 장길자를 하나님의 아내요 신부로 믿는다

여교주 장길자는 계 21:9와 22:17에 나오는 '어린 양의 아내'요 '신부'이며, 요한계시록 21장에 나오는 하늘에서 내려오는 '새 예루살렘'이라고 하며, 갈 4:26에 나오는 '어머니'라고 주장하고 있다. 기도할 때마다 어머니 하나님 장길자의 이름으로 기도한다.

안상홍은 남자 하나님이고 장길자는 여자 하나님(갈 4:26)이라고 한다. "이 마지막 시대에는 아버지 하나님이신 성령 안상홍님과 신부 예루살렘 어머니를 영접하여야 구원을 받습니다." 계시록 21:9의 '어린 양의 아내'인 신부가 바로 장길자라는 것이다. 계 22:17에 의거, 장길자가 하늘에서 온 하나님이라는 것이다. 장길자는 남편과 자녀를 버리고 재혼한 가정파괴자에 불과하다.

2) 구원론

(1) 율법주의 구원론을 주장한다

안증회는 안식교의 영향으로 토요 안식일 구원교리, 구약의 유월절, 십자가 우상론, 수건교리 등의 율법주의 신앙을 강조한다.

토요일 안식일을 지켜야 구원을 얻는다고 주장한다. "성탄절은 태양신 기념일이므로 지키지 말아야 한다. 십자가는 우상이므로 철거해야 한다. 유월절, 무교절, 칠칠절, 나팔절, 대속죄일, 초막절 등을 철저하게 지켜야 한다"(『내 양은 내 음성을 듣나니』, 김주철, p. 19).

초대교회부터 성도들은 안식 후 첫날 즉 일요일에 예배를 드렸다.

예수님의 부활을 기념하여, 앞으로 오실 주님에 대한 소망을 품고, 그리스도인들이 한자리에 모이는 날이었다.

(2) 구약의 유월절과 절기를 지켜야 구원을 받는다고 주장한다

교주 인상홍은 성경에 나오는 유월절이 영생의 길이며, 유월절을 통해 구속받으며, 유월절을 통해 죄 사함을 받는다고까지 주장한다(『선악과 복음』, pp. 54-58). 안식일뿐만 아니라 유월절을 지켜야 구원받는다고 한다. 죄 사함이란 십자가의 보혈에 의한 것이 아니라 유월절 성찬의 떡과 포도주가 죄를 사하는 것(화체설)이라고 주장한다.

기독교는 타락한 바벨론이요, 자신들은 성경의 계명대로 안식일과 유월절을 지킴으로 구원이 있다고 주장한다. 세례받지 말고 침례를 받아야 한다. 토요일을 안식일로 지켜야 한다. 유월절을 지켜야 한다. 성탄절은 태양신 기념일이므로 지키지 말아야 한다. 십자가는 우상이다.

유월절은 죽을 수밖에 없는 우리 인생들에게 영원한 생명을 주기 위해 제정된 하나님의 계명이다. 예수님께서 영생을 얻으려면 유월절을 행하라고 가르쳐주셨다(『내 양은 내 음성을 듣나니』, 김주철, p. 82). 죄 사함은 예수님의 보혈의 공로를 믿음으로 받는 것이지 유월절을 지켜서 받는 것이 아니다. 유월절은 구원과 관계없는 구약의 절기일 뿐이다. 우리의 구원은 율법적 행위에 있지 않고 예수 그리스도를 믿음으로 이루어진다(고후 3:16, 갈 2:16, 행 16:31).

3) 교회론

예배 시 여자들이 수건을 써야 하나님께서 예배를 받으신다고 주장한다. 이들은 고전 11:2-15 말씀을 잘못 해석하여 예배 시에 여자들은 머리에 수건을 쓰고 예배를 드려야만 하나님이 예배를 받으신다고 한다. 바울은 수건 문제는 꼭 지켜야 할 하나님의 명령이 아니라 고린도 교회의 유전이라고 말했다. 안상홍 집단은 유전을 교리화하여 명령으로 만들었다. 여자가 머리에 수건을 쓰는 것은 헬라인의 풍속(유전)이었고, 남자가 머리에 덮개를 쓰는 것은 유대인의 풍습이다. 안상홍은 천주교를 바벨론 음녀라 하면서 천주교 교리를 따르니 우스운 일이다.

안상홍 집단은 형식이나 의식이 구원의 조건인 것처럼 가르친다. 유월절을 지킴으로, 율법을 지킴으로, 행위로 구원받을 사람은 없다.

십자가를 우상이라고 한다. 하나님 외에 다른 것을 신앙의 대상으로 했을 때 우상이다. 십자가는 기독교의 표식이며 상징물이다. 국기가 우상이 아니듯이 십자가는 절대 우상이 아니다. 안상홍과 장길자를 하나님으로 섬기는 것이야말로 우상숭배이다.

4) 종말론

(1) 시한부 종말론을 주장한다

안상홍 증인회는 1988년 서울 올림픽 때에 안상홍이 강림한다고 주장하였다가 불발로 끝났으며, 또한 1999년 말에 종말이 온다고 주장하였다가 2012년 종말, 2015년 종말론을 주장했다. 교주가 육체를 입고 세상에 나타남으로 구름 타고 재림한다는 예언이 성취되었고, 지금은 불꽃 중에 강림한다는 안상홍을 기다린다고 한다. 강림과 재림이 다르다고 한다. 강림은 불꽃 중에 나타나는 것이며, 재림은 구름을 타고 오는 것이라고 한다(하나님의 비밀과 생명수의 샘). 시한부 종말론으로 낙태를 강요하고 학업중단, 직장포기를 유도하고 있다. 상습적인 시한부 종말론자라 할 수 있다.

(2) 자기들의 교적부를 생명책이라고 주장한다

성경 계 13:8, 20:12에 보면 생명책에 이름이 기록되어야만 구원받는다고 되어있는데, 그 생명책이 자기들에게만 있다고 주장한다. 하나님의 교회에 등록하면, 그 이름이 생명책에 기록되고 자기들에게만 구원이 있다고 주장한다. 그러나 성경에는 땅에 있는 생명책에 대한 기록은 전혀 없다. 생명책은 땅에 있는 것이 아니고 하늘에 있다(빌 4:3, 계 3:5, 20:15, 21:27).

(3) 동방의 끝이 한국이며 안상홍은 다윗의 위에 앉은 왕이라고 가르친다

이사야(24:15, 46:11, 계 16:12)에 나온 소위 동방의 의인, 동방의 독수리를 자신들에게 맞추기 위해 동방을 한국이라는 억지 해석을 하고 있다. 자신을 재림 예수이며, 보혜사 성령이라고 주장한다. 다윗의 재위 기간이 40년인데 예수님은 공생애 3년밖에 되지 않으므로 다윗의 위에 대한 예언이 성취되려면 나머지 37년의 기간을 채워야 할 재림 예수가 와야 하는데, 그것을 채운 자가 안상홍이라는 것이다.

성경의 동서남북은 팔레스타인을 중심으로 그 주위 지역을 지칭한다. 동방은 아라비아의 일부 지역을 지칭한다(수 12:1, 18:20). 이 사람(욥)은 동방 사람 중 가장 큰 자라(욥 1:3). 땅끝은 한국이 아니다. 신명기 28:49에도 원방, 땅끝이 나오는데, 원방은 바벨론을 가리키며 한국과 아무 관계가 없다. 이사야 41-46장에는 동방의 의인이 언급되어 있다. 사 41:2, 25, 43:5, 46:11에 나오는 동방의 의인은 페르시아(동방)의 고레스를 말한다. 안상홍은 동방의 의인도 아니고 재림 예수도 아니며 다만 한국에서 일어난 거짓 선지자일 뿐이다.

한편 성경의 북방을 북한을 가리킨다고 한다(렘 1:14, 4:6). 위 본문들은 북한에서 전쟁을 일으킬 것에 대한 예언이라고 한다. 북한에서 핵전쟁을 일으키면 하나님의 교회 안증회로 피신해야 안전하게 살 수 있다고 주장한다. 성경의 북방은 북한과 전혀 상관이 없다.

4. 신천지 증거장막성전의 구원: 무엇이 문제인가?

창교자 이만희의 신천지는 천부교 박태선과 장막성전 유재열에서 분파된 이단이다. 백만봉을 주님이라고 부르면서 그 아래서 지파장 노릇을 한 적이 있다. 한때 박태선을 하나님이라고 부르면서 10년간이나 교주 수업받은 자이다.

신천지 이만희는 자신을 '이긴 자'라며 영생한다고 주장한다. 이것은 신천지의 새로운 교리가 아니다. 영생교 교주였던 조희성도 "죽지 않고 영생한다"는 육체 영생 교리를 주장하며 자신을 '이긴 자'라고 지칭했다. 또 신천지의 또 다른 교리도 과거 이단의 주장과 유사하다. 1900년도 초반부터 발생해 온 국내 여러 이단 교리를 집대성한 김백문의 영향을 받아 전도관 천부교를 설립한 박태선의 교리와도 비슷하다.

정상적인 신학 수업을 받은 적이 전혀 없으며, 장막성전의 유재열과 천부교의 박태선에게서 강한 영향을 받았다. 한때 신천지 홈페이지에는 이만희에 대해 "1957년 고향 땅 야외에서 성령으로부터 환상과 이적과 계시를 따라 전도관 천부교에 입교"했다고 명시한 바 있다. 1967년, 이만희는 천부교를 떠나 유재열의 장막성전에 들어갔다. 이만희는 신천지 홈페이지를 통해 "1967년 성령의 계시에 이끌려 경기도 과천시 소재 장막성전에 입교"했다고 밝히기도 했다. 1964년 김종규가 이끈 호생기도원 출신이던 유재열은 신비체험을 통해 같은 해 4월 공식적으로 장막성전을 시작하게 되었다.

복음방, 무료성경신학원, 시온기독교신학원, 평신도신학원 등 다양한 이름으로 정통교회 성도들을 미혹한다. 기성교회에 추수꾼을 파견하여 "산 옮기기 작전"으로 교회와 교회 재산을 송두리째 삼켜버린다. 이만희는 종교사기꾼이고 신천지는 박태선 천부교에서 파생된 사이비 종교이다. 교주의 신격화, 윤리 도덕의 결여, 즉 가출 유도, 이혼, 납치, 집단 거주, 신용불량자 양산, 휴학, 학업 포기, 자퇴, 직장 포기로 인한 가정 파괴의 주범이고, 사회악의 뿌리이다.

1) 계시론

성경의 대부분이 비유와 상징으로 되어 있다고 주장한다. 성경은 암호로 기록된 책이고 비유와 상징으로 기록된 책이다. 성경에 대한 전통적인 주석이나 해석 모두를 부인한다. 「요한계시록의 실상」(비유풀이)과 「신탄」(자신을 지시하는 책)을 강조한다. 성경을 해독할 수 있는 이는 이만희뿐이다. 천국에 소망을 둔 자라면 한 번은 꼭 읽고 깨달아야 할 영원한 복음이다. "봉인되었던 요한계시록의 말씀이 실상으로 응한 것을 자신이 예수와 성령이신 천사로부터 해석 권한을 부여받아 새롭게 해석한다"라고 한다. 하나님의 나라는 과천에 임한다. 자신의 책 「영원한 복음 새노래 계시록 완전해설」을 "성령이 나를 통해서 교회들에게 하시는 말씀"이며, "일곱 인으로 봉한 하나님의 책 계시록의 비밀이 이제 개봉되어 만천하에 공개되는 계시"라고 함으로 자신을 아담, 노아, 아브라함, 모세, 예수와 동등한 대언자 또는 사도 요한적인 보혜사로 암시하고 있다.

이만희에 의하면, 계시의 전달과정은 하나님 → 예수님 → 천사 → 요한 → 이만희 → 강사들 → 종들이라고 한다. 기성교회에는 구원이 없고 멸망당한 바벨론이며 오직 신천지만이 구원을 받는다고 주장한다. 신약성경 27권은 재림의 약속한 목자 곧 이긴 자 한 사람을 증거한 것이라고 한다. '사도 요한의 입장으로 오는 대언의 목자'를 찾아야만 구원받을 수 있다. 영적 "새 예루살렘"이란 이만희의 단체 또는 그를 추종하는 자들을 말한다고 한다.

이긴 자 이만희를 보혜사 성령으로 믿고 '성령으로 온 지상 사명자' 사도 요한적 사명자, 보혜사 이만희로부터 듣고 보고 믿고 지키는 자가 구원을 받는다고 가르친다. 신천지 신도 14만 4천 명이 모이면 새 하늘 새 땅이 과천에서 시작되며, 신천지 신도만 구원받을 수 있다고 가르친다.

"하나님께서 떠난 유대교도, 카톨릭도, 개신교도 더 이상 자칭 정통을 주장할 것이 아니라 하나님께서 창조하신 증거장막성전만이 유일한 정통임을 깨달아야 한다"(p. 330). 구원이 자신의 단체에만 있다고 주장한다. "본인은 증거하노니 말세에 약속한 신천지 예수교 장막성전은 진리의 성읍이요, 하나님이 함께하시는 성전이므로 만방은 이곳으로 와야만 구원이 이루어진다. 이것이 하나님의 뜻이요 약속이다"(「새 하늘과 새 땅」, 1991년 1월호).

"그러므로 우리가 찾고 만나야 할 사람은 사도 요한격인 야곱(보혜사, 이스라엘) 곧 승리자를 만나야 아버지와 아들의 계시를 받게 되고 영생에 들어가게 된다는 것을 명심해야 할 것이다"(『계시록의 진상 2』, 도서출판 신천지, p. 52). 참 지식이 있는 자는 자신을 보혜사 성령, 또는 구원자로 믿고 따르게 된다고 한다.

온 세상에서 약속의 목자를 통해 계시와 성경을 통달할 곳은 오직 신천지 예수교뿐이다. 신천지 찬송가에는 "구원이 선생님께 있네. 심판이 선생님께 있네. 생명이 선생님께 있네. 소망이 선생님께 있네. 하나님이 예수께 주신 것처럼, 예수님이 그에게 맡기셨네. 우리는 믿네. 보혜사 성령님. 우리와 영원히 함께할 선생님을"이라고 기록되어 있다.

성경의 천사는 인간이라 한다. 계시록 2:17에 "내가 감추었던 만나"를 이만희의 "비유 풀이 성경해석"이라고 주장한다. "성경은 때와 장소와 용도에 따라 빙자하여 비유 비사로 기록된 영적 말씀이다"(p. 512). 따라서 신천지에서는 모든 것을 비유로 해석한다(예: 씨, 열매, 양식, 지팡이는 '말씀'이고, 나무와 눈은 사람, 열매와 고리는 '성도'를 의미한다). 예수께서 '구름 타고 오신다'고 하신 것을 '영으로 오신다'는 뜻으로 해석한다. 한편, 계 19:10을 해설하면서, '천사'를 '보혜사 성령'과 동일한 존재라고 했다.

2) 신론

삼위일체란 용어를 사용하지만, 성부 하나님을 성령과 동일시하며 하나님과 예수님을 동일시한다. 보혜사인 자신이 삼위 하나님 중의 하나라고 주장한다. 하나님의 이름이 두 번 바뀌었는데, 구약에서는 여호와, 신약에서는 예수로 바뀌었으며, 지금은 이만희로 바뀌었다고 한다. 이만희 자신이 직통 계시자, 재림주, 보혜사 성령, 사도 요한격 사명자, 인치는 천사, 유다 지파의 사자, 다윗의 뿌리, 어린 왕, 만유의 대주재, 대언자, 대언의 목자, 새 언약의 사자, 두 증인, 육체의 사명자, 약속한 목자, 구원자, 철장으로 만국을 다스릴 남자, 이기는 자, 만왕의 왕, 만주의 주, 알파와 오메가라 주장한다.

하나님의 삼위를 "세 의자의 한 몸"이라 하여 양태론을 주장한다. 이만희를 삼위일체 중 하나인 하나님으로 섬기는 우상숭배 집단이다. 이만희는 "나는 예수님에게 직접 안수를 받았다. 내가 곧 성령의 기름 부음을 받은 자"(계 1:17), 보혜사라고 주장한다.

3) 구원론

(1) 이만희는 예수를 믿음으로 구원을 얻는 것이 아니라 교주인 자신을 믿어야 구원받는다고 가르친다

계시록 7장에 나오는 144,000명은 시온산인 신천지에 인을 맞아 생명책에 녹명된 자인 총회교적부에 등록된 신도로 영원히 죽지 않고 산다. 이들은(계 20:4) 영계의 순교자들의 영 144,000명이 육계의 신천지 신도들 144,000명의 육체에 임하여 하나 되는 신일합일로 육체가 영생한다. 육계의 신천지 신도들 144,000명의 육체에 임하여 하나 되는 혼인잔치인 첫째 부활이 이루어진다는 것이다. 순교자의 영 144,000명과 합일된 신천지 신도 144,000명은 죽지 않고 땅에서 천년 동안 왕노릇 한다고 한다. 이것이 바로 교주 이만희가 말하는 신일합 일, 영육합일, 육체영생 교리이다.

사도 요한적인 사명자를 만나야 한다고 하며(『하늘에서 온 책의 비밀 계 시록의 진상 2』, p. 52) 사도 요한적인 사명자(보혜사)의 말씀을 듣고 지켜야 만 영생에 이르며(같은 책, p. 537), 이 요한적인 사명자를 말미암지 않고 는 예수께로 올 자가 없다(p. 179)고 한다. 세상의 목사들은 人學을 했 고 이만희만 神學을 했다고 한다. 정통교회는 부패하고 타락한 바벨 론이므로 이만희에게 와야 구원을 받는다고 주장한다. 구약 39권이 예수님 한 분을 증거한 책이라면(요 5:39), 신약 27권은 이기는 자 한 사 람을 알리는 말씀이라고 해도 지나친 말이 아니다… 계시록 성취 때 에도 사도 요한의 입장에 있는 목자에게 천국에 관한 설명을 듣고 믿 어야 구원을 얻을 수 있다(『요한계시록의 실상』, p. 117).

초림 때는 예수님을 택하여 심판과 구원의 역사를 이룬 것처럼, 재 림 때인 지금은 한 목자인 교주 이만희를 택하여 심판과 구원의 역사 를 이룬다고 한다(『성도와 천국』, p. 95). 그러므로 예수님의 재림을 앞둔 오늘날 성도에게는 약속한 계시록의 말씀과 실상을 깨닫는 것이 구원 에 이르는 길이 된다. 증거장막성전으로 피해야만 구원이 있음을 깨 닫기 바란다(p. 213).

(2) 새 언약과 새 일을 지키는 자가 구원을 받는다고 가르친다

새 언약이란 구원의 복음을 말하는 것이 아니라 교주 자신이 혈서로 써서 만들었다는 새 언약서를 말한다(「신천지 발전사」, p.49). 마태복음 24장과 요한계시록만 새 언약이라 주장한다. 구약과 신약은 무효다. 요한계시록의 주제는 바로 이만희 자신이다. 계시록의 실상을 보고 아는 사람은 이만희뿐이다. 이만희가 바로 계시록의 요한이다. 만왕의 왕이고 평강의 왕이 바로 이만희라 한다. "계시록이 응하고 있는 오늘날은 계시록에 약속한 이긴 자를 통하지 않고는 구원이 없다"(「실상」, p. 37). 이기는 자는 구원자이고, 그가 세운 단체가 참 교회인데, 그곳은 신천지 예수교증거장막성전이라는 것이다. "만국 백성은 이기는 자를 통해서 천국과 영생을 얻고 예수께로 갈 수 있다"(「실상」, p. 103).

4) 교회론

기성교회는 낡고 부패하여 더 이상 생명력이 없다. 정통교회를 음녀, 즉 바벨론의 교리를 받아 가르치고 또 가르침을 받아서 결국에는 바벨론과 함께 멸망한다고 한다. 오늘날 바벨론 귀신들이 정통교회 목사에게 들어가 그들을 움직인다고 한다.

예수는 영계의 열두 제자를 세웠지만, 자신은 육계의 열두 지파를 세웠다고 한다. 이 열두 지파에 속해야만 구원을 받을 수 있다고 주장한다. 특별히 계시록 7장에 나오는 144,000명이 다 차면 신천지의 시대가 열리는데, 신천지가 과천 청계산 아래에서 이 지구를 영원히 다스리게 된다. 신천지가 144,000명이 채워지면 순교자들의 영혼이 신천지인들의 육체에 들어가 영적 변화가 일어난다고 주장한다. 인간의 육체에 순교자의 영혼이 내려와 합일된다고 한다(신일합일교리).

구원받기 위해서는 어떤 경우에는 가족 관계를 끊어야 하고, 자신들의 공동체에서 신앙의 뿌리를 내려야 한다고 가르치며 자신들의 교적부가 생명책이라고 가르친다. 남을 속이는 것도 하나님의 지혜와 모략이라 가르친다. 거짓말과 폭력과 테러가 용인되는 사이비 종교 집단이다.

144,000의 숫자는 상징의 수가 아니라 실제의 수라고 주장한다. 이만희는 144,000명은 '영적 새 이스라엘 열두 지파'에 속하는 참 선민이라고 가르친다. 이 열두 지파에 속하지 않는 자는 선민도, 정통도 될 수 없다. 자신이 속한 지파가 어디인지 모른다면 이방인이라는 증거이다. 이방인에게는 구원도, 영생도, 천국도 없다(p. 161). 메시아 이만희를 믿으면 결코 죽지 않고 천년만년 살게 된다고 믿는다. 재림 예수가 이미 '영'으로 임했다. 16세기 남사고 선생의 예언서라는 [격암유록]과 같은 비결서에 의존하여 재림주는 한국인이고 세상 종말의 때에 구원받을 장소가 한국이라고 주장한다. 무서운 종말심판을 모면할 도피처로서 十勝地(십자가로 승리한 곳)가 있는데 그곳이 과천의 청계산이라 주장한다. 이곳 신천지 증거장막성전에서 종말의 사건이 완성된다고 믿는다.

5) 종말론

(1) 자신을 믿지 않는 것이 곧 심판이라고 주장한다

"인자가 구름을 타고 오신다"는 말은 "성령께서 육체로 오신다"는 뜻인데, 자신에게 예수가 영으로 임한 것이 재림이라 주장한다. "구름 타고 오시는 예수님은 육이 아니요 영이신 것이다"(『계시』, p. 43). 이만 희는 계시를 환상 계시와 실상 계시 두 가지로 구분한다. 예언을 알파 라고 하면 실상은 오메가가 된다. 예언을 알파 즉 처음과 시작이라고 하면 그 실상은 오메가인 나중과 끝이 된다. 예언의 말씀과 그 짝인 실상을 믿는 자는 천국으로, 믿지 않는 자는 지옥으로 가게 된다. 하 나님의 말씀이 있는 곳은 적어도 '무료로' 성경을 가르쳐주는 곳이지, 돈을 내야 배울 수 있는 기성신학교는 아니다(『요한계시록의 실상』, p. 454-455).

초림 때는 예수님을 택하여 심판과 구원의 역사를 이룬 것처럼, 재 림 때인 지금은 한 목자인 교주 이만희를 택하여 심판과 구원의 역사 를 이룬다고 한다. 예수를 믿음으로써 구원을 얻는 것이 아니라 사도 요한적인 사명자를 만나야 한다고 하며, 사도 요한적인 사명자(보혜사) 의 말씀을 듣고 지켜야만 영생에 이르며, 요한을 말미암지 않고는 예 수에게 올 자가 없다고 주장한다. 자신을 아담, 노아, 아브라함, 모세, 예수와 동등한 대언자 또는 사도 요한적인 보혜사로 암시하고 있다.

(2) 종말은 시대마다 온다고 가르친다

한 세대가 끝나고 또 한 세대가 올 때 그때가 바로 종말이라는 것이다. 지구의 종말을 부인하고 새로운 인물이 나타날 때 그 인물에 의해 그 시대의 종말이 온다는 주장이다. "그러므로 우리가 찾고 만나야 할 사람은 사도 요한격인 야곱(보혜사, 이스라엘, 이만희를 가리킴) 곧, 승리자를 만나야 아버지와 아들의 계시를 받게 되고 영생에 들어간다는 것을 명심해야 할 것이다"(『계시록의 진상』, p. 52). 이 시대는 이만희가 나왔으니 다시 종말이 되었다는 주장이다.

(3) 성경에는 사후 천국에 대한 기록이 단 한 구절도 없다고 주장한다

지상천국을 믿는다. 이만희는 자신의 단체 설립일(1984년 3월 14일)로부터 천년이 되는 때인 2984년 3월 14일에 옥에 갇혀 있던 사탄이 풀려나온다고 한다. 여호와의 증인과 같이 지상천국론을 주장한다(『천국비밀 계시록의 진상』, 1985).

(4) 사람이 죽은 후에 부활하는 것이 아니고 사람이 죽으면 그 몸이 윤회 환생한다고 믿는다

세례 요한이 바로 엘리야의 윤회, 환생이었다고 가르친다. 성령이 예수가 되신 후에 다시 그 성령과 하나가 된 예수의 영이 지상의 사명자의 육체에 임함으로 삼위일체가 이루어지는 것이 된다는 것이다(『천국비밀 계시록의 진상』, p. 306).

이만희는 장막성전(당시 교주 유재열) 계열로서, 그가 가르치고 있는 계시론, 신론, 기독론, 구원론, 교회론, 종말론 등 대부분의 교리는 도저히 기독교라고 볼 수 없는 이단이다. 그들은 성경을 단순히 비유적으로, 임의적으로 해석하는 자들로서 전통적 성경해석 원리(문법적, 역사적, 신학적 해석)를 근본적으로 무시한 자들이다. 1995년 예장통합 80회 총회에서는 신천지의 가르침을 "신학적, 일고의 신앙적 가치가 없는 집단"으로 규정했다.

성경이 주장하는 구원은 예수 그리스도를 구주로 믿는 것이다. 죄에서 돌이켜 회개하고 예수를 믿으면 누구나 구원을 받는다(행 2:38). "네가 만일 네 입으로 예수를 주로 시인하며 또 하나님께서 그를 죽은 자 가운데서 살리신 것을 네 마음에 믿으면 구원을 받으리라. 사람이 마음으로 믿어 의에 이르고 입으로 시인하여 구원에 이르느니라"(롬 10:9-10). "누구든지 주의 이름을 부르는 자는 구원을 받으리라"(롬 10:13). "다른 이로써는 구원을 받을 수 없나니 천하 사람 중에 구원을 받을 만한 다른 이름을 우리에게 주신 일이 없음이라 하였더라"(행 4:12).

모든 그리스도인은 구원의 확신을 갖고, 교회 중심, 목회자 중심, 말씀 중심, 가정 중심의 생활을 해야 할 것이다.

참고문헌

권신찬. "기도의 조건", 한국일보(캐나다 토론토판 전면광고). 1989. 3. 22.

_____. 『불안에서 평안으로』. 서울: 일류사, 1977.

_____. 『서로 사랑하라』. 서울: 중동문화사, 1982.

_____. 『양심의 해방』. 서울: 일류사, 1977.

_____. 『우리의 걸어온 길』. 평신도복음선교회, 1977.

_____. 『위험한 지구』. 서울: 중동문화사, 1980.

_____. 『세칭 구원파의 정체?』. 서울: 중동문화사, 1980.

_____. 『인류 역사와 하나님의 교회』. 서울: 중동문화사, 1982.

_____. 『종교에서의 해방』. 서울: 일류사, 1977.

유병언. 『알파에서 오메가까지(제1-5권)』. 서울: 한국평신도복음선교위원회, 1979.

웨버, 데이비드, 허칭스 노아. 『인류파멸의 징조와 중동사태』. 김용일(역), 서울: 중
        동문화사, 1980.

이요한. 『각 사람에게 비취는 빛』. 서울: 진리의 말씀출판사, 1990.

_____. 『진리 가운데로』. 서울: 진리의 말씀출판사, 1990.

_____. 『십자가의 승리』. 서울: 진리의 말씀출판사, 1990.

_____. 『생명의 빛』(대한예수교침례회 발행 월간지) 다수.

박옥수. 『죄 사함 거듭남의 비밀』. 서울: 기독교문서선교회, 1987.

_____. 『기쁜소식』(월간지) 1986년 4월호부터 다수.

정동섭. 『구원파 왜 이단이라고 하는가?』 대전: 침신대총학생회, 1991.

_____. 『구원파를 왜 이단이라 하는가』. 서울: 죠이선교회, 2010.

_____. 『구원개념 바로잡기』. 서울: 새물결플러스, 2015.

_____. 『어느 상담심리학자의 고백』. IVP, 1996.

_____. 『이단과 정통: 무엇이 다른가?』. 침례신학대학교 출판부, 1993.

_____. 『그것이 궁금하다』. 도서출판 하나, 1993.

조남민. 『구원파의 구원 무엇이 문제인가』. 한인성경선교회, 2019.

최갑종. 『칭의란 무엇인가』. 새물결플러스, 2016.

탁지일. 「이단」. 두란노아카데미, 2011.

_____. 「이단, 교회의 위기인가, 갱신의 기회인가」. 한국복음주의신학회 학술대회 자료집, 2008.

피영민. 「1689 런던침례교 신앙고백서 해설」. 요단, 2018.

김경천. 「JMS 정명석의 교리에 대한 개혁주의 신학적 분석과 반증」. 총신대학교선교대학원, 2017.

_____. 「거짓을 이기는 믿음」. 기독교포털뉴스, 2019.

김종선. "정명석의 위험성과 교회의 대책," 「바른신앙」 22호. 고신총회이단대책위원회, 2018.

유사종교연구위원회 편. 「이단 및 불건전 집단」. (고신)총회출판국, 1994.

윤인구. 「핵심말씀」. 하이미션, 2017.

이단사이비대책위원회. 「구원이 있는가?」. 기성출판부, 1993.

전용재. 「감리교회 입장에서 본 이단문제」. 기독교대한감리회, 2014.

정이신. 「JMS 교리비판」. 그루터기선교회, 2019.

이단사이비문제상담소. 「이단 사이비 종합자료 2004」. 한국기독교총연합회, 2004.

제87회 총회(2002). 「정명석 국제크리스천연합 보고서」. 대한예수교장로회 이단사이비대책위원회, 2019.

진용식. "안상홍증인회에 대한 비판," 「주요이단대책종합자료집」. 대한예수교장로회총회, 2008.

_____. 「안상홍 증인회의 실체는?」. 기독교포털뉴스, 2018.

_____. "이만희 재림주 교리의 허구," 「바른신앙」. 22호, 고신총회이단대책연구소, 2018.

이단사이비대책위원회. 「이단 사이비를 경계하라!」. 기독교대한성결교회, 2015.

현대종교 편집국. "하나님의 교회 세계복음선교협회." 「이단 바로알기」. 현대종교, 2011.

허호익. 「이단은 왜 이단인가」. 동연, 2016.

신천지 총회 교육부. 「주제별 요약해설 II」. 과천, 2010.

심창섭. "신천지 운동은 이단인가? 아닌가?" 「주요이단대책종합자료집」. 대한예수교장로회총회, 2008.

이만희. 「천국비밀 요한계시록의 실상」. 도서출판 신천지, 1988.

_____. 「천국비밀 계시록의 진상」. 도서출판 신천지, 1985.

_____. 「하늘에서 온 책의 비밀 계시록의 진상 2」. 도서출판 신천지.

_____. 「영원한 복음 새노래 계시록 완전해설」. 도서출판 신천지.

황의종. 「신천지에 대한 성경적 비판 및 자료집」. 부산종교문제연구소, 2015.